L'Abbé A. PISSIER

CURÉ DE SAINT-PÈRE

RECHERCHES SUR

L'HISTOIRE DE THAROISEAU

(Seigneurie, Paroisse, Village)

AVALLON

IMPRIMERIE ET LITHOGRAPHIE PAUL GRAND

14, Rue de Lyon, 14

1910

L'Abbé A. PISSIER

CURÉ DE SAINT-PÈRE

RECHERCHES

SUR

L'HISTOIRE DE THAROISEAU

(Seigneurie, Paroisse, Village)

AVALLON

IMPRIMERIE ET LITHOGRAPHIE PAUL GRAND
14, Rue de Lyon, 14

—

1910

Extrait du *Bulletin de la Société d'Etudes d'Avallon*
(Année 1910)

THAROISEAU

I

LA SEIGNEURIE

I. — En quoi elle consistait ?

En 867, portent les *Annales bénédictines* de D. MA-
BILLON, le comte Girard de Roussillon et Berthe, sa
femme, donnèrent (1) à l'église Notre-Dame d'Avallon (2) le village de Tharoiseau, appelé alors Tarel (3),
avec sa justice et toutes ses dépendances.

(1) *Girardus de Rossillon, Comes, et Bertha, uxor ejus..., dede-
runt ecclesiæ sanctæ Mariæ Avalonis villam quæ dicitur Tarel, et
justiciam cum appendiciis suis.*

(2) Cette église N.-D. est la collégiale de Notre-Dame et Saint-
Lazare d'Avallon.

(3) On a pensé que *Tarel* désignait Tharot ; mais un document publié par le même D. MABILLON *(Diplomat.,* p. 564) con-
tredit formellement cette opinion : en 921, c'est-à-dire un
demi-siècle plus tard, l'abbaye de Saint-Martin d'Autun était
confirmée dans la possession (qu'elle avait déjà par conséquent)
de Tharot, *Tarodum,* d'après M. E. PETIT *(Avallon et l'Avallonnais,* p. 137) et de toutes les dépendances dudit Tharot. Or, il
nous est impossible de comprendre comment *Tarel* et *Tarodum,*
possédés avec toutes leurs appartenances par la collégiale d'A-
vallon, et en même temps par l'abbaye de Saint-Martin d'Autun,
peuvent être un seul et même pays. — D'ailleurs, au XIIIe siècle,
Hugues IV de Bourgogne se prétendit en jouissance de tous
droits de justice sur la terre de Tharot ; et il revendiqua ces
droits, non contre le Chapitre d'Avallon, mais contre l'abbaye
de Saint-Martin d'Autun ; le 10 mai 1270, une transaction inter-
vint entre les parties : en retour de certains droits abandonnés

Ainsi, avant cette date, Tharoiseau faisait partie des immenses domaines que Girard de Roussillon tenait en Bourgogne ou de sa famille ou de la libéralité de l'impératrice Judith, seconde femme de Louis-le-Débonnaire (1). Et depuis la donation qu'il en fit, en 867, la terre, la justice et le village de Tharoiseau sont restés, jusque vers le commencement du dix-septième siècle, en la possession de la Collégiale de N.-D. et Saint-Lazare d'Avallon.

Les confirmations qui ont été certainement données de l'acte de 867, ne sont pas parvenues jusqu'à nous; et il nous faut venir jusqu'au 18 août 1184 pour

par les religieux de cette abbaye, le duc leur reconnut la justice et la juridiction grande et petite sur le territoire contesté. (BULLIOT, *Essai historique sur l'abbaye de Saint-Martin d'Autun*, tome II, p. 125). Ainsi, dans tout ce différend, il ne fut jamais question des Chanoines d'Avallon, parce qu'ils ne furent jamais propriétaires du domaine de Tharot; ils y avaient, à la vérité, au moment de la Révolution, quelques biens-fonds, consistant en cinq ouvrées de vigne, deux tiers de journal de terre et quelques pièces de pré; mais ces propriétés étaient si peu importantes qu'elles n'ont jamais dû être considérées comme un fief ou une terre avec tous droits de justice, sans compter le village, *villam Tarel* — Le village qu'a ainsi possédé le Chapitre d'Avallon et sur lequel il a toujours exercé tous les droits de justice *(justiciam)* indiqués par les *Annales bénédictines*, est Tharoiseau : c'est là une des raisons pour lesquelles, dans le vocable *Tarel,* nous lisons Tharoiseau. La forme *Tarel,* du reste, s'explique : Tharoiseau est appelé Taroseaul, Tarosel, au xiv⁰ siècle; on sait qu'aujourd'hui encore le parler du pays laisse tomber la lettre *s* entre deux voyelles, et que, par exemple, *fu-il* est pour *fusil, érou-er* pour *arroser :* il en fut certainement de même pour Tarosel qui est devenu *Taro-el, Tarrel* et *Tarel.*

(1) Dans la charte de fondation de Vézelay, Girard de Roussillon dit positivement qu'il tenait le village de Saint-Père de la générosité de l'impératrice Judith, laquelle avait consenti à en faire l'échange contre d'autres propriétés dans l'Avallonnais et le Tonnerrois.

rencontrer une ratification de ce genre accordée au Chapitre d'Avallon : le pape Lucius III, à l'exemple de son prédécesseur Alexandre III, prend la Collégiale et tous ses biens sous sa protection ; et parmi les propriétés canionales qu'il énumère, se trouve *Tarrel*, Tharoiseau (1). La bulle originale de cette confirmation, scellée en plomb et datée de Vérone, est conservée aux Archives de l'Yonne (2).

En vertu de la donation faite par Girard de Roussillon, le Chapitre était donc devenu seigneur de Tharoiseau ; son autorité ne s'étendait pas cependant sur le territoire tout entier du village ; car l'abbaye de Vézelay y possédait deux climats, *Chagniot* et le *Cul-de-Bœuf*, sur lesquels elle perçut toutes rede-

(1) Cette bulle présente une particularité qui nous permet de conclure encore que *Tarrel* est bien Tharoiseau : en énumérant les propriétés du Chapitre, le Pape a évidemment transcrit la liste que lui avaient communiquée les intéressés. Or, cette liste semble bien faite d'après l'itinéraire que suivaient les délégués des chanoines, quand ils visitaient les dits biens, — de sorte que la place occupée dans cette liste par les noms des localités pourrait au besoin servir à les identifier. Ainsi, le Pape confirme les Chanoines dans « tout ce qu'il possédaient

« *apud Sanctum Germanum de Campis,* à Saint-Germain-des-
    « Champs ;
« *apud Tarrel,* à Tharoiseau ;
« *apud Ieelend,* à Island ;
« *apud Pontem-Auberti,* à Pontaubert ;
« *apud Vallem Oliniaci,* à Vault-de-Lugny ;
« *apud Boschet,* au Bouchat, métairie sur Annéot ;
« *apud Anneiacum,* à Annay-la-Côte ;
« *et apud Frixiacum* (évidemment pour *Prisciacum*) à Précy-le-
    « Sec. »

Et si *Tarrel* désignait Tharot, il devrait être mis entre Annay-la-Côte et Précy-le-Sec ; car tous ces noms de pays sont cités ici dans l'ordre exact qu'ils occupent dans la bulle.

(2) Série G., liasse 2011.

vances jusqu'à la Révolution (1). Sur le surplus, le Chapitre jouissait de tous les droits seigneuriaux qu'il entendait n'abandonner à personne. Ainsi, lorsque les Templiers du Saulce d'Island, en 1219, achetèrent à des tenanciers du Chapitre un vignoble sur Tharoiseau, ils n'obtinrent ratification de leur contrat qu'en s'engageant à payer chaque année audit Chapitre, seigneur de ce vignoble, une redevance de 5 setiers de vin, sans préjudice de la dime qui était due suivant la coutume du pays; ils reconnurent en même temps que, sur une terre précédemment acquise, ils devaient au même seigneur suzerain un demi-muid de froment et un demi-muid d'avoine; et enfin ils déclarèrent qu'ils se soumettaient d'avance aux droits perçus ordinairement par le Chapitre pour toute nouvelle acquisition (2). Cette dernière condition fut remplie sans discussion en 1245, lorsque Gauthier, fils de la veuve Charreton, de concert avec sa femme, vendit aux mêmes Templiers, pour la somme de 25 livres parisis, les vignes qu'il possédait sur le finage de Tharoiseau (3).

Au fond, ces acquisitions faites sur le domaine de Tharoiseau, n'apportaient aucune restriction aux droits du Chapitre, qui restait toujours le seigneur; et, à ce titre, le Chapitre disposait de sa terre comme il l'entendait. En tout cas, il ne l'exploitait pas par lui-même, mais par des fermiers qui étaient ses

(1) L'abbé en fit alors la déclaration. (*Arch. de Vézelay, inventaire A, n° 1.*

(2) Arch. de l'Yonne, G 2219; II supplément, 2240 et 2243. — Mais, chose singulière, parmi ces trois actes qui ont trait à Tharoiseau, le premier G 2219, porte Tharot au lieu de Tharoiseau.

(3) Arch. de l'Yonne, II supplément, 2240.

véritables vassaux, tant que durait leur bail. Et ce bail devait être parfois consenti pour un temps si considérable, que les locataires pouvaient sans peine faire fond sur les terrains loués ou du moins sur les récoltes et les revenus qu'ils devaient en tirer. Ainsi, lorsqu'en avril 1273, Guillaume Auverger épousa Isabelle, fille d'Hémery, prévôt d'Avallon, celui-ci, par contrat de mariage, donna en dot à sa fille 500 livres tournois, dont 300 furent payées en espèces, et les 200 autres imputées sur deux pièces de vignes à *Taroiseaul* : l'une, dont le précédent fermier était Guillaume Levroux, était la vigne des Prés ; l'autre la vigne de la Rue (1). Parfois aussi, surtout dans la suite, les habitants de Tharoiseau acquittaient directement au Chapitre, sans passer par l'intermédiaire des fermiers, les droits seigneuriaux des terres qu'ils cultivaient. Le compte présenté, en 1353, par Simon de Salives (2) le démontre amplement : ainsi, les habitants paient le *cens*, qui répond aujourd'hui à l'impôt foncier, et cette recette monte en deux fois à la somme de 32 sous (3) ; ils se sont rachetés d'autres droits féodaux en payant une taxe annuelle appelée *abonage*, qui atteint, avec la *taille* ou cote

(1) « ... *Recognoverunt se recepisse et habuisse .. ducentas* « *libras dicte monete sitas super duas pecias vinearum que sunt in* « *territorio de Taroiseaul, videlicet super vinea des Prez, que fuit* « *domni Guillelmi Levroux et super vinea que dicitur vinea de la* « *Rue...* » (QUANTIN, *Recueil de pièces pour faire suite au Cartulaire général de l'Yonne,* page 390). — Ce document est un rare et curieux exemple d'un contrat de mariage entre personnes du tiers-état au xiii⁰ siècle.

(2) Arch. de l'Yonne, G 2032.

(3) « *Pro censu de Tarosello ,xx. vj. solid. Item pro censu, vj. solid.*

personnelle, la somme totale de 10 sous (1) ; quant aux tenanciers du pré, ils n'ont rien versé au receveur parce qu'ils ont acquitté pour le Chapitre un impôt temporaire et qu'ils ont payé la façon des vignes (2) ; mais tous, ainsi que les habitants de Domecy-sur-le-Vault, ont payé la dîme et la tierce à Thévenin Chaignon, amodiateur, qui en rend au Chapitre 20 setiers de grains, savoir : 5 setiers de froment, 5 setiers d'orge et 10 setiers d'avoine (3).

2. — *Le Chapitre d'Avallon affranchit Tharoiseau*

Les relations que nous venons de constater entre les habitants de Tharoiseau et le Chapitre indiquent que la condition du pays n'était plus le servage dans toute sa rigueur : tous ces sujets traitaient avec Messieurs du Chapitre, soit pour se racheter de certains droits par une taxe sans doute librement débattue de part et d'autre, soit pour payer les impôts ou la façon des vignes des dits seigneurs, à condition de ne rien donner pour la jouissance de certains biens ; en un mot, ils discutaient leurs intérêts. Et pourtant, ce n'était pas encore pour eux l'affranchissement, car ils restaient soumis à la taille, et surtout à ce droit odieux de la *mainmorte*, en vertu duquel il ne leur était permis ni de vendre, ni d'échanger les héritages dont ils étaient détenteurs, ni d'en disposer par

---

(1) « *Recepta talliarum et abonagiorum de Tarosello x. solid.* »

(2) « *Pro prato de Tarosello, nihil, quia traditum est de arautagio et vineis.* »

(3) « *Theveninus Chaignons admodiarit decimas et tertias de Tarosello et de Domeciaco pro viginti sextariis, videlicet V. sextar. frumenti, V. sextar. hordei, et X. sextar. avene.* »

donation ou testament, s'ils mouraient sans enfants légitimes.

Mais, en 1357, le mardi après l'Ascension, les gens de Tharoiseau reçurent du Chapitre cette charte de franchise qu'ils désiraient ardemment (1). Par cet acte (2), ils étaient déclarés francs et libres comme les bourgeois d'Avallon, mais ils devaient payer chaque

(1) Arch. de l'Yonne, E, 624. — Ce document est reproduit dans une copie certifiée authentique *par Symon Bouché et Jehan le Baut, clercs jurés et notaires de la court monseigneur le duc de Bourguoigne, coadjuteurs du tabellion d'Avalon*. La copie est datée du 2 décembre 1412, et elle a été scellée du sceau du duc.

(2) Voici le texte de cette pièce intéressante :

Nous, Chappittre de l'église collégiale de Nostre Dame et de saint Ladre d'Avalon en la diocèse d'Ostun, faisons savoir à tous ceulx qui verront et orront ces présentes lectres, que comme en nostre ville de Tharoiseaul nous ayons plusieurs hommes et femmes taillables, mainmortables et daucuns abonnés, tous nous justiciables, liquels nous ont suppli que desdictes servitutes, en tant que il touche les tailles, mainmortes et abonnaige, les voulsissions destraire et lesser et yceulx mettre en estat de franchise et de liberté, selon ce que sont les francs bourgois du chastel et chastelerie d'Avalon, c'est assavoir que pour payant chascun an ung chascun d'eulx quinze soulz tournois monnoye courante à la Saint-Remy, ensemble tous explois de justice tels et semblables comme ils se font en la chatelerie et prévosté d'Avalon, et avec ce, que se aucunes personnes contrintes facent division et séparation de eulx pour mariaige ou autrement, tenant feu et lieu ou domicille, ils pairont les diz quinze soulz tournois, et avec ce, ne se pourront eulx, leurs hoirs ne leur postérité advoer pour autre seigneur, fors que pour nous, tant comme ils seront nous subgets justiciables, couchant, levant et habitant en nostre ville de Tharoiseaul dessusdite; et pourront lesdiz bourgois eslire et mettre un sergent messier pour faire et exercer l'office de messerie pour le temps acoustumé, qui présenteront à nostre juge ou procureur, qui fera le serement en leur main de garder et respecter nostre droit et de nous subgets laquelle franchise, et pour le grant et évident prouffit de nostre église, pour acroistre ycelle et eschener (libérer) le domaine dicelle; et pour la somme de quarante escus florins d'or à l'escu et du coing du Roy Jehan de France, nostre sire, lesquelz nous avons euz et receuz desdits bourgois, et*

année, à la Saint-Rémy, un droit de bourgeoisie de
15 sous tournois chacun ; les frais de justice seraient
les mêmes que dans la châtellenie d'Avallon ; ceux
qui, en se mariant, ou pour quelque autre motif,
quitteront le pays, pourraient toujours demeurer
bourgeois du Chapitre, à la condition d'acquitter ledit
droit de bourgeoisie et de ne pas se reconnaître soumis
à la justice d'un autre seigneur ; leurs descendants
jouiraient des mêmes privilèges. De plus, la population de Tharoiseau était libre de nommer elle-même

*liquels en sont du tout en tout mis et quictes au prouffit de nous et
de nostre dite église. Nous leur avons donné et octroyé, donnons et
octroyons à eulx et à leurs hoirs et à toutes leurs postérités de l'un
et de l'autre sexe, sauf et retenu à nous en tout et partout nostre
justice, nos censives, rentes réelles et personnelles qui nous sont et
peurent estre déclairés sur les héritaiges d'eulx et de ung chascung
d'eulx et tout ce que sont ensuite et peut en suivre pour le temps
advenir, et le droit d'avoerye se il y est, et promettre en bonne foy
et sur l'obligation des biens de nostre dite église et de nous successeurs, ladite franchise et liberthé en toutes les choses dessusdites,
et une chascune d'icelles fermement tenir, garder et accomplir et
non venir contre les choses dessusdites ne encontre de la teneur de
ces présentes lectres, et renoncer quant à ce à toutes exceptions,
déceptions, raisons et obligations de fait et de droit que l'on diroit
ou pourroit dire ou alléguer encontre ces présentes lectres ou la
teneur d'icelles, et essentiellement au droit qui dit que générale
renonciation ne vault se le spécial ne précède. Et quant aux choses
dessusdites tenir fermement, garder et accomplir, voulons estre
garant que des choses adjugées par la Court et juridiction de monseigneur le duc de Bourguoigne ou de mon seigneur l'évesque
d'Ostun ou des deux ensemble ou par quelque qu'il pléra mieulx
esditz bourgois, à la juridiction desquelz dessusditz nous nous
soubmettons, nostre dite église et les biens d'iocelle et nous successeurs.*

*Ou tesmoing desquelles choses nous avons mis nostre scel en ces
présentes lectres, faites et données et octroyées en nostre général
chappitre célébré à Avalon le mardy après la feste de l'Ascension
Nostre-Seigneur, l'an de l'incarnation d'icelluy mil ccc cinquante
et sept.*

son *messier* ou garde des moissons qui remplirait sa mission à l'époque accoutumée ; mais ce garde devait, par devant le prévôt ou le procureur du Chapitre, faire le serment de respecter les droits de tous. Enfin, les gens de Tharoiseau devaient, une fois pour toutes, payer 40 florins d'or au coin du roi de France : à ce prix, ils étaient désormais exempts de tous droits, autres que la justice, le cens qui indiquait l'origine de la propriété, et les rentes dont cette propriété pouvait être grevée. Comme sanction, il fut convenu que, si le Chapitre manquait à ses engagements, il se soumettait d'avance à la sentence du duc de Bourgogne ou à celle de l'évêque d'Autun, ou même à l'arbitrage de tous les deux, selon que le préféreraient les *bourgeois* de Tharoiseau.

Tel est, en résumé, ce document si important, en vertu duquel les habitants de Tharoiseau devinrent libres.

Désormais, ils étaient libres, en effet, de disposer des biens qu'ils cultivaient : le Chapitre leur en faisait l'abandon, mais à la condition que sa qualité de propriétaire primitif serait reconnue à tout jamais par le paiement des droits censuels ; et, en effet, le cens lui fut toujours payé, tant que la seigneurie ne changea pas de maître. A Tharoiseau, le cens était, selon la valeur des terrains, parfois de 1, parfois de 2 deniers (1) pour chaque journal de terre, et pour chaque ouvrée de vigne, de 1 obole parisis (2). A proprement

(1) Pour qu'on puisse se faire une idée du système monétaire d'autrefois, disons que la livre valait 20 sous, — le sou, 12 deniers ; — le denier, 2 oboles, — l'obole, 2 pites ; — la pite, 2 semi-pites.

(2 Arch. de l'Yonne, G, 2232.

parler, cette redevance n'était pas une charge bien lourde, puisque le denier de cette époque vaudrait environ 28 centimes de notre monnaie actuelle ; et, fait à signaler, elle resta toujours au même taux, malgré la dépréciation continuelle de l'argent, en sorte que, au moment de la Révolution, le cens d'un journal de terre n'était toujours que de 1 ou 2 deniers, et celui d'une ouvrée de vigne, d'une obole au profit du Chapitre. Seulement, pour faire face aux dépenses de l'Etat, qui avait pris la suzeraineté et la tutelle de toutes les seigneuries, le duc de Bourgogne ou le roi de France surent établir d'autres impôts, que nous signalerons en leur temps.

Désormais aussi, les habitants de Tharoiseau étaient libres d'administrer par eux-mêmes leur pays, ou, comme on disait alors, leur communauté ; car tout était commun à tous, les droits, les privilèges, les devoirs et les charges. — Ainsi, pour garder leurs récoltes, au lieu d'avoir un représentant du Chapitre, ils nommaient un agent de leur choix ; il est vrai que cet élu, en entrant en charge, devait prêter, entre les mains du juge du Chapitre, le serment de respecter les droits de tous : n'était-ce pas une garantie de leurs droits et de leurs intérêts? — Si la charte d'affranchissement de 1357 ne mentionne pas expressément le droit des habitants d'élire leurs syndics et leurs procureurs, — véritable municipalité de l'époque, — c'est que la concession de ce droit était la raison et la condition essentielle de tout affranchissement. Nous verrons bientôt à l'œuvre ces syndics et procureurs, et même l'échevin dont la charge répondait à peu près à celle des maires de nos jours.

Sans doute ils payaient ces privilèges en versant

chacun annuellement au Chapitre la somme de 15 sous tournois, pour le droit de bourgeoisie; il n'y avait là pourtant rien de contraire à leurs libertés. Car le bourgeois d'un seigneur ne pouvait être poursuivi en justice que devant le tribunal de ce seigneur, et, dans le cas présent, qu'aux audiences qui se tenaient à Tharoiseau même, deux fois l'an. Ainsi un bourgeois du Chapitre, *levant, couchant et habitant Tharoiseau*, qui avait à défendre ses droits et même ses actes, par exemple contre l'abbé de Vézelay ou le commandeur des Templiers du Saulce, n'avait pas à comparaître devant les juges de ces deux seigneurs étrangers, mais uniquement devant ceux du Chapitre, siégeant à Tharoiseau, qui rendaient contre lui leur sentence sans doute, mais avec tous les égards dus à un bourgeois du Chapitre. La situation du bourgeois pouvait être comparée à celle du citoyen romain d'autrefois; et il faut croire que cette qualité était fort estimée dans le pays, puisque, malgré les avantages de la *bourgeoisie du roi* (1), il y eut peu de bourgeois du roi à Tharoiseau : nous n'en avons trouvé qu'un, mentionné en l'année 1486 (2).

3. — *Tharoiseau et la justice du Chapitre*

La justice fut toujours l'apanage de la souveraineté. Le seigneur d'un fief, petit ou grand, était juge dans toute l'étendue de ce territoire; car le droit de justice était attaché à la terre, à ce point que souvent les domaines étaient désignés sous le nom de *justices :*

(1) *La bourgeoisie du roi* conférait à celui qui la possédait le privilège de se soustraire même à la justice de son propre seigneur pour ne relever que de la justice du roi.
(2) Arch. municipales d'Avallon, II, 1.

c'est ainsi que nous avons vu le village de Tharoiseau
(Tharel), sa *justice* avec ses dépendances, concédés
par Girard de Roussillon au Chapitre d'Avallon.

Seulement, le justice ne fut réellement organisée
qu'à l'époque des affranchissements, qui donnaient
aux hommes des droits réels et personnels qu'ils ne
possédaient pas auparavant. Et pour Tharoiseau on
peut dire qu'elle était tout à fait mise à la portée des
habitants, puisque les officiers de justice du Chapitre
se transportaient à Tharoiseau même, deux fois par
an, et y rendaient leurs sentences en de solennelles
assises appelées les *Grands jours de justice* (1).

Au dépôt des Archives de l'Yonne, dans le fonds
provenant de la Collégiale de Notre-Dame et Saint-
Lazare d'Avallon (2), se trouvent cinq registres des
sentences prononcées ainsi à ces assises de Tharoiseau ; et ces documents — qui s'étendent à une période
de cent ans, de 1457 à 1559, — nous permettent de
nous rendre parfaitement compte de la procédure
suivie pour juger les affaires et de la régularité de
son fonctionnement.

Disons d'abord que ces « jours de justice » reve-
naient à des dates précises, ordinairement après Noël
et après Pâques ; cependant l'époque en fut parfois
changée : ainsi, en 1457, ces « jours » furent fixés à
la veille de la Saint-Valentin, le 13 février (3) ; une
autre fois, ceux de Pâques furent retardés jusqu'après
la Pentecôte (4) ; en 1522, le Chapitre décida même

(1) Arch. de l'Yonne, G, 2051.
(2) *Ibid.*, G, 2228 à 2231.
(3) *Ibid.*, G, 2228.
(4) *Ibid.*, 2091.

que désormais ses officiers tiendraient leurs « jours »
à Tharoiseau de deux mois en deux mois (1). Mais
cette dernière modification aux usages établis dut
être abandonnée peu de temps après.

Le Chapitre avait à Tharoiseau un procureur, dont
les appointements étaient de 3 écus par an ; c'est ce
procureur qui était chargé de la police locale (et nous
croyons qu'elle n'était pas trop compliquée dans ce
village de 35 à 40 feux); c'est lui encore qui recevait
les plaintes, qui instruisait les causes et sans doute
en communiquait les dossiers au bailli du Chapitre à
Avallon. Celui-ci, au jour fixé pour l'audience, venait
à Tharoiseau, accompagné de son lieutenant et de
son greffier. Sa salle de tribunal était le pressoir de
« messieurs », c'est-à-dire des membres du Chapitre (2). Aux côtés du bailli prenaient place deux
habitants du pays, vraisemblablement des plus ins-
truits et des mieux considérés, dont les avis devaient
porter apparemment le juge à ne pas se prononcer
avec trop de sévérité : en 1531, ces deux assesseurs
étaient Jehan Cullière et Symon Duprey, prêtre (3).
Quand la cause était appelée, le procureur exposait
les faits et requérait la sentence du juge; les témoins
étaient entendus ; l'accusé présentait sans doute lui-
même sa défense, car nulle part ne se trouve men-
tionnée la présence d'un défenseur ; enfin, après avoir
délibéré avec ses assesseurs, le bailli rendait sa sentence.

(1) **Archives** de l'Yonne, G, 2030.
(2) Archives de l'Yonne, G, 2028.
(3) *Ibid.*, G, 2230.

Citons quelques-uns de ces jugements, qui nous feront connaître les mœurs de ce lointain passé :

En 1458, Jean Mauvoisin étant juge, Pierre Chaliffer, coupable de plusieurs vols, fut condamné à être attaché pendant trois heures au pilori de Tharoiseau (1);

En 1510, Pierre Blanche, licencié ès droits, étant juge, Berthier Chapelain, qui avait reçu à coups de fléau Jean Forestier, sergent (ou huissier), chargé de saisir ses biens, fut condamné à une amende de 65 sous (2) ;

En 1513, le même Pierre Blanche étant juge, Jean Cuillère, accusé d'être détenteur d'écuelles en étain, volées par des soldats appelés *Pyotons* (3), dans la maison de Tribouillard et chez le *magister tenant l'école*, fut renvoyé, faute de preuves, des fins de la plainte (4);

En 1531, Pierre Blanche étant toujours juge, Guillaume Forestier et Jean Millier furent condamnés, le premier à 100 sous d'amende, le second à 60 sous (5), pour avoir maltraité le meunier Gervais Cousin (6);

En 1549, Pierre Tirecuy, licencié en droit, étant juge, Guillaume Ozenier fut condamné à 40 sous d'amende (7) pour avoir, en justice, dit des injures à Nazaire Malaquin et l'avoir traité de « pénard » (8).

(1) Archives de l'Yonne, G, 2227.
(2) *Ibid.*, G, 2229. — Environ 70 francs de notre monnaie.
(3) Nous ne savons ce qu'étaient ces *Pyotons*.
(4) Arch. de l'Yonne, G, 2229.
(5) 100 sous d'alors vaudraient aujourd'hui 80 francs, et 60 sous 48 franes.
(6) Arch. de l'Yonne, G, 2230.
(7) Environ 28 francs de notre monnaie.
(8) Arch. de l'Yonne, G, 2231.

En 1553, le même Tirecuy étant juge, Blaise Colas paya 7 sous (1) « pour un dangier de justice, » (délai au prononcé d'une sentence) contre Jean Colas (2).

Tous ces jugements (3) étaient rendus au nom du Chapitre, seigneur de Tharoiseau, selon la Coutume de Bourgogne qui, de tout temps, avait régi le pays. Or, d'après le droit féodal, le seigneur, comme preuve de son droit de justice, devait entretenir un gibet portant sa marque ou ses armoiries. Ces armoiries du Chapitre d'Avallon avaient-elles disparu du pilori de Tharoiseau en 1471? Nous ne savons ; mais à cette date, le duc de Bourgogne prétendit posséder tous droits de justice à Tharoiseau ; les chanoines protes-tèrent ; à l'enquête faite à ce sujet comparurent un grand nombre de témoins qui déposèrent en faveur du Chapitre : parmi eux, Jean Mauvoisin, d'Avallon, âgé d'environ 60 ans, attesta et déclara que « le Cha-« pitre de Saint-Lazare était seigneur en toute jus-« tice de la terre de Teroseaul ; qu'il avoit près du « pays (4) un gibet où il avoit vu attacher Pierre

(1) A peu près 4 fr. 50 de la monnaie actuelle.

(2) Arch. de l'Yonne, G, 2231.

(3) Empruntons encore à ces registres une sentence qui, sans se rapporter directement à Tharoiseau, démontre l'intérêt que les juges du Chapitre portaient à la santé publique : en 1486, condamnation d'un nommé Dubois, pour avoir tué et vendu deux vaches « sans visitation ni permission de Messieurs (du « Chapitre) et sans payer les droits seigneuriaux qu'est la langue « de chascune beste. » (G. 2223). — Tout animal de boucherie abattu devait être examiné par les officiers de justice qui s'as-suraient ainsi que la viande pouvait être consommée ; si la bête était reconnue malsaine, on devait l'enfouir : pour payer ce droit de visite, les officiers de justice recevaient la langue.

(4) Le climat où se trouvait le gibet a conservé le nom de *la Justice*.

« Chaliffer, convaincu de plusieurs vols et larcins ; »
c'était lui-même, nous nous en souvenons, qui avait
prononcé la sentence. — Pierre de Presles, bourgeois
d'Avallon, lieutenant du bailli d'Auxois audit lieu,
âgé aussi d'environ 60 ans, confirma en tous points
la déposition de Jean Mauvoisin (1). En présence de
ces témoignages si formels, le duc de Bourgogne a dû
renoncer à ses prétentions ; du moins Tharoiseau ne
paraît pas avoir cessé un instant de dépendre de la
juridiction du Chapitre.

En 1524, le gibet de Tharoiseau menaçant de tomber, fut réparé au nom et aux frais dudit Chapitre :
la dépense « pour ériger et dresser le signe patibu-
« laire » s'éleva à la somme de 40 sous (2).

Nous dirons tout à l'heure, en parlant de l'administration de la communauté, que dans ces assises ou
« jours de justice » et par devant le bailli, avaient
lieu la reddition des comptes des deniers communs,
le paiement des redevances dues au Chapitre, l'élection des syndics ou échevins, la promulgation, sous
forme de sentences, des règlements de police.

4. — *Administration civile de Tharoiseau sous ses seigneurs*

Avant la charte de 1357, Tharoiseau était sans
doute, comme toutes les communautés d'habitants
des campagnes, libres ou serfs, administré par un
intendant du Chapitre d'Avallon ; mais, quand il eut
reçu ses franchises, le pays commença à jouir d'une

(1) Arch. de l'Yonne, G, 2227.
(2) Environ 35 francs de notre monnaie.

administration qui lui était propre, et à avoir, sous l'autorité du Chapitre, des chefs choisis dans de libres élections.

Ceux-ci s'appelèrent d'abord *procureurs* ou *sindics,* et ils eurent à leur tête, pour exécuter leurs décisions et celles de la communauté, un magistrat nommé l'*échevin;* plus tard, mais sans modifier leurs attributions, on désigna tous ces *procureurs* ou *sindics* sous le titre d'*échevins,* et le premier échevin prit la qualité de *majeur* ou *maire.* Les procureurs, sindics ou échevins, et même le maire ou premier des échevins, étaient nommés, ordinairement, pour un ou deux ans, par les *notables,* c'est-à-dire par tous ceux qui, étant en possession des privilèges concédés à la communauté, acquittaient le droit de bourgeoisie.

Outre ces réunions dans lesquelles les notables procédaient à l'élection des échevins, il y avait des assemblées générales auxquelles étaient convoqués, par le premier échevin, non seulement les bourgeois, mais encore tous les manants et habitants de Tharoiseau, — autrement dit tous ceux qui avaient leur résidence au pays sans jouir des privilèges de la communauté. Dans ces assemblées, tous délibéraient sur les intérêts généraux du village; ainsi, en 1573, ils assuraient être en jouissance du droit de vaine pâture sur le Tureau de Grosmont appartenant au Chapitre de Vézelay; mais, après enquête ordonnée à ce sujet, ils durent renoncer à leurs prétentions (1). — Là encore étaient votées, par tous les assistants et à la pluralité des voix, les dépenses communes, ce que l'on appelle aujourd'hui le budget communal : en

(1) Arch. de l'Yonne, H, 2048.

1670, les habitants de Tharoiseau s'engageaient, dans une de ces réunions, à payer annuellement la somme de 10 livres à messire Philippe de Longueville, seigneur d'Island et de Domecy-sur-le-Vault (1), qui leur avait concédé, dans les bois de la seigneurie d'Island, le *droit d'usage* (2) et le *droit de grevillage,* appelé ailleurs le droit de *gelinage* (3). — Là aussi étaient nommés le *messier* dont les attributions rappellent celles de nos gardes-champêtres, le collecteur des impôts, le maître d'école, etc. Nous voyons par là que, loin d'ignorer ce qu'était le suffrage universel, nos aïeux en usaient au contraire largement et fréquemment à propos de toutes les questions d'intérêt local.

Et, comme nous l'avons déjà indiqué, toutes les mesures arrêtées dans ces assemblées, étaient ensuite promulguées, sous forme de sentences, par le bailli aux assises de Tharoiseau ; et ces sentences peuvent être considérées comme autant de réelles autorisations accordées à toutes ces mesures par le seigneur ou ses officiers. Cependant, leur exécution n'allait pas toujours toute seule ; et, plus d'une fois, le bailli eut à

(1) Courtépée, *Description du duché de Bourgogne,* art. *Tharoiseau.*

(2) On entendait par *droit d'usage* la faculté, pour ceux qui en étaient bénéficiaires, de prendre dans la forêt du seigneur tout le bois mort nécessaire à leur chauffage. — On voit ici que ce droit n'était pas tout à fait gratuit pour les habitants de Tharoiseau.

(3) *Le droit de gelinage* était un véritable impôt perçu sur les animaux de basse-cour, principalement sur les poules ou *gélines.* — Les gens de Tharoiseau se rachetaient donc de cet impôt ; mais pourquoi le devaient-ils au seigneur d'Island ? Nous l'ignorons.

prononcer des condamnations contre certains habitants qui refusaient de se soumettre à ces arrêtés.

Ainsi, en 1509, des réparations à la fontaine de Tharoiseau avaient été régulièrement décidées : l'impôt ou *gect* (1) nécessité par ces travaux avait été réparti sur tous les habitants par les sindics qui paraissent ici avoir toujours fait fonctions de répartiteurs. Mais Jean Daret, collecteur de cet impôt, essuya de la part de Jean Colin, dit Calicot, métayer à Tharoiseau, un refus formel de payer la part à laquelle il avait été taxé; et, en 1510, afin d'être en état de rendre ses comptes, il dut poursuivre le récalcitrant devant le juge, Pierre Blanche, qui condamna ledit Colin ou Calicot à payer *provisoirement* (2) sur sa quote part la somme de 5 *gros* (3). C'est pour accentuer son refus de payer ce même impôt que Berthier Chapelain avait repoussé l'huissier Jean Forestier à coups de fléau, ce qui lui valut, nous nous en souvenons, une amende de 65 sous (4).

Une autre fois, en 1531, les sindics avaient établi un rôle d'impôt pour payer les frais occasionnés par

(1) On disait autrefois *faire un gect*, pour *voter un impôt* et *en faire la répartition,* — à proprement parler *établir un compte au moyen de jetons (jactus)*.

(2) Ce *provisoirement* indique évidemment qu'il y avait un tribunal financier devant lequel ceux qui se croyaient injustement ou trop lourdement imposés, portaient leurs réclamations: pour Tharoiseau, ce tribunal était la Chambre des Élus de Bourgogne qui recevait et examinait ces réclamations. L'auteur des *Libertés de la Bourgogne* assure que, à cette Chambre, les plaignants avaient rarement gain de cause.

(3) Le *gros* valait 20 deniers; 5 *gros* faisaient donc 8 sous 4 deniers.

(4) Arch. de l'Yonne, G, 2229.

le séjour de soldats à Tharoiseau. Tribouillard, dont la contribution était fixée à 20 sous (1), refusa aussi catégoriquement de la payer et s'entendit, en conséquence, condamner par le bailli à acquitter ladite somme; malgré cette sentence, il persista dans son refus, en déclarant qu'il renonçait aux privilèges et à la bourgeoisie de Tharoiseau, et qu'il n'était plus habitant du pays. Sous l'émotion causée par cet incident, les habitants délibèrent et reconnaissent à l'unanimité qu'ils doivent tous, sans aucune exception et proportionnellement à leurs moyens, concourir aux besoins et aux charges de la communauté : et ils nomment Jean Cuillère, échevin, et trois autres sindics, pour gérer ces intérêts communs. Ces quatre élus, séance tenante, non seulement promettent, comme leurs devanciers l'ont toujours fait, mais encore font entre les mains du juge le serment « quant « il viendra des gens de guerre logier à Tharoiseau, « de faire gect et esgaller équitablement sur chascun « d'eux la dépense qu'ils (ces soldats) auront « faicte (2). »

C'était encore dans les mêmes circonstances que les sindics et le collecteur des impôts rendaient compte de la gestion des deniers communs : toute l'assemblée écoutait ces comptes et les discutait; et quand ils étaient approuvés, le bailli constatait cette approbation dans les formes judiciaires, qui équivalaient, croyons-nous, à un arrêté définitif de la dite comptabilité ou de l'exercice terminé.

Nous avons indiqué aussi que les ordonnances de

(1) Environ 15 francs de notre monnaie.
(2) Archives de l'Yonne, G, 2230.

police rendues par le procureur du bailli à la requête des sindics ou de l'assemblée, étaient également publiées aux Grands jours de justice de Tharoiseau, et par suite, devenaient obligatoires. Si nous mentionnons quelques-uns de ces actes, par exemple — en 1461, au sujet des chemins, sur lesquels nul ne devait anticiper et dont les ornières et les trous devaient être remplis « et destrappés par chascun en droit soy (1), — en 1537, au sujet des cheminées qui, pour parer au danger d'incendies, devaient s'élever au moins de 4 pieds au-dessus des maisons et être solidement et « duëment » construites (2), — en 1556, au sujet du bétail qu'il était interdit de mener « pacaiger » dans les terrains non soumis et assujettis à cette servitude (3), etc., — nous ne rappelons que des mesures tout à fait raisonnables; mais nous ne pouvons nous empêcher de trouver au moins singulier le moyen imaginé, en 1458, pour que les chiens n'aillent pas courir dans les vignes et y causer du dommage : cette ordonnance, en effet, « enjoint à tous les habi- « tans dudict lieu de Téroiseaul ayant chiens, à « peine de 7 sous d'amende (4), de leur mettre un « landon de bois de trois pieds de long (5). — Pauvres chiens de Tharoiseau, ils n'étaient guère traités comme les meilleurs amis de l'homme!

Quoi qu'il en soit, des renseignements qui précèdent, nous pouvons conclure avec certitude qu'au xv^e

---

(1) Arch de l'Yonne, G, 2228.
(2) *Ibid.*, G, 2230.
(3) *Ibid.*, G, 2231.
(4) Aujourd'hui, de 8 fr. 50 à 9 francs. — Màtin ! c'était raide !
(5) Arch. de l'Yonne, G, 2228,

et au xvi° siècle, la communauté de Tharoiseau jouissait d'une indépendance d'administration capable de laisser rêveurs les plus chauds partisans d'un régime vraiment démocratique.

5, — *Obligations des habitants de Tharoiseau à l'égard du Chapitre d'Avallon, leur seigneur*

On a vu plus haut que, en conséquence de leur affranchissement, les habitants de Tharoiseau devaient tous indistinctement au Chapitre d'Avallon la somme annuelle de 15 sous pour leur droit de bourgeoisie. Or, c'était encore aux Grands jours de Tharoiseau que cette redevance était payée entre les mains du receveur du temporel du Chapitre, venu en compagnie du bailli. C'était aussi le même jour qu'étaient acquittés tous les autres droits dus au Chapitre par les gens du pays.

Nous avons dit en quoi consistaient le cens et le droit de bourgeoisie, et, en même temps, nous en avons indiqué l'origine et la signification; nous ne reviendrons donc pas sur cette matière, si ce n'est pour noter que le cens, attaché à la terre, était dû par son détenteur, de quelque pays qu'il fût. Ainsi, en 1466 et en 1500, avec les censitaires demeurant à Tharoiseau, Etienne Nyvert, Etienne Lemestre, Guillaume Chauffart, Jean Nesplier, Guillaume Rousseau, Jean Colas, Jean Ravisey, Guiot et Barthélemy Rousseau et autres, nous en rencontrons qui sont de Fontette, Jean Maignen, Pierre Deffert; — de Menades, Jacques Ravisey; — d'Usy, Humbert Matherot; — de Saint-Père, messire Nicolas de Crevant, curé dudit lieu (1). Mais il nous faut parler du *droit de présentation, des lots et ventes, de la dime, de la banalité*.

Pourquoi le *droit de présentation ?* que signifiait-il? — Nous n'avons pu trouver le moindre renseignement à ce sujet (2). Toujours est-il qu'au moment où s'ouvraient les assises de Tharoiseau avait lieu une sorte de recensement de la population : tous les chefs de famille devaient se présenter, sous peine d'amende; leurs noms étaient consignés sur des états qui nous permettront plus loin de préciser le nombre des feux du pays à différentes époques; et, en se présentant. chacun de ces hommes payait 6 deniers à Noël et 1 denier à Pâques (3).

Tous ceux qui, depuis la dernière visite du bailli, avaient acquis quelque terrain sur le territoire de Tharoiseau payaient aux assises suivantes, entre les mains du receveur du Chapitre, le *droits de lots et ventes*, qui a son équivalent aujourd'hui dans les droits de mutations et d'enregistrement. En 1388, Guillaume Odin versait de ce chef la somme de 15 deniers (4). Au seizième et au dix-septième siècle, le receveur tenait même un registre spécial des quittances de ces droits pour Tharoiseau (5).

La *dime* était une portion des fruits de la terre que, dans le principe, les fidèles fournissaient volontairement à l'Église pour le culte divin et l'entretien

(1) Arch. de l'Yonne, G, 2232 et 2233.

(2) Pas même dans les deux in-folio des *Commentaires de la Coutume de Bourgogne*, par le président Bouhier.

(3) Arch. de l'Yonne, G, spécialement 2228 à 2231.

(4) Arch. de l'Yonne, G, 2194. — 15 deniers vaudraient environ 13 fr. 50.

(5) *Ibid.*, G, 2205 et 2231.

de ses ministres, en reconnaissance des biens spiri-
tuels qu'ils en recevaient. Plus tard, Charlemagne et
ses successeurs rendirent obligatoire cette contribution qui n'était que facultative. Les habitants de Tharoiseau payaient donc la dîme de leurs récoltes au
Chapitre d'Avallon, leur seigneur spirituel et temporel. Malgré son nom, qui semble indiquer qu'elle
devait être la dixième partie des produits, elle se
payait à Tharoiseau au quinzième pour les céréales
et au vingtième pour le raisin, ou, selon les termes
du document que nous avons sous les yeux, « de
« quinze gerbes l'une et de vingt *bouillots* (1) l'un (2). »
— Le Chapitre louait ordinairement chaque année
ces dîmes à un fermier, qui les percevait, selon
l'usage, au moment des récoltes, qui en rendait aux
Chanoines la quantité convenue dans le bail, et qui,
aux Grands jours de justice, faisait ce paiement en
argent ou en nature, d'après les conditions stipulées.
En 1552, les dîmes de grains furent ainsi amodiées à
Jean Cothin, qui s'engagea à en rendre 7 setiers de
froment et 7 setiers d'avoine (3). En 1580, la dîme
du vin fut adjugée à J. Colas, qui avec le produit du
pressoir, en rendit 8 écus (4); et, en 1596, au moment

______

(1) Ce nom désigne encore aujourd'hui certains grands pa-
niers.

(2) Arch. de l'Yonne, G, 2219.

(3) *Ibid.*, G, 2170. — D'après le dossier, G, 2209, les mesures
des grains à Tharoiseau étaient les suivantes : le *muid*, qui contenait 12 setiers; le *setier*, qui contenait 4 bichets; le *bichet*,
qui contenait 2 moitons; le *moiton*, qui contenait 2 boisseaux.
— Ajoutons que le *boisseau* contiendrait 23,1/2 de nos litres ou
environ.

(4) Arch. de l'Yonne, G, 2190. — Cela faisait environ 260
francs d'aujourd'hui.

où l'on sortait de l'horreur des guerres civiles, cette même dîme du vin seule, d'après les comptes du receveur Lazare Naulot, produisit la somme de 63 livres (1).

Les *droits de banalité* étaient également affermés au profit du Chapitre ; et les amodiateurs rĕglaient ce qu'ils devaient, toujours dans les mêmes conditions et les mêmes circonstances. Il y avait donc à Tharoiseau le fermier du moulin à vent et le fermier du pressoir (2).

Le moulin à vent a laissé son nom au climat dans lequel il était construit, sur le sommet du coteau, au nord-ouest du village. En 1551, il était loué annuellement moyennant 32 bichets de grain, moitié froment, moitié orge (3) ; en 1556, le fermier, Philippe Villiers en rendait 38 bichets de froment (4) ; en 1571, Tribouillard, qui l'exploitait, payait son bail en argent, 12 livres (5), c'est-à-dire à peu près 150 francs de notre monnaie : il est vrai qu'alors le pays était presque inhabité, à cause des guerres civiles et du siège de Vézelay, dont Tharoiseau avait été un centre d'opérations. Or, tout habitant dudit village devait moudre son grain à ce moulin, en payant le vingtième, c'est-à-dire qu'il menait son blé au moulin, assistait à la mouture et en rapportait la farine et le son, sauf 5 litres de grain sur 100, que le meunier retenait pour son droit et pour celui du Chapitre.

(1) Archives de l'Yonne, G, 2902. — A peu près actuellement 630 francs.

(2) Nous n'avons pas trouvé mention d'un four banal à Tharoiseau.

(3) Arch. de l'Yonne, G, 2032.

(4) *Ibid.*, G, 2174.

(5) *Ibid..* G, 2068.

— Demandez aujourd'hui au cultivateur si le meunier qui lui moud son blé, se contente de cette rétribution de 5 pour cent en nature !

De même, tout habitant de Tharoiseau devait pressurer le marc de son vin au pressoir du Chapitre, là même où se rendait la justice ; et, pour le droit du pressureur et pour celui du Chapitre, il abandonnait le quinzième du vin rendu par le marc (1). Il est clair que, dans les années mauvaises, ce produit était peu important, et parfois pouvait être totalement nul.

La *banalité* nous paraît peut-être aujourd'hui absolument contraire à la liberté pour le cultivateur ou le vigneron de s'adresser à qui ils veulent pour leurs besoins ; et nous nous tenons sans doute le même langage à propos des autres droits féodaux. Cependant, la raison de ces droits est facile à comprendre : au moment de l'affranchissement des serfs d'un village, le seigneur, qui possédait tout, faisait avec eux un véritable contrat, et il leur disait : Je vous abandonne mes terres ; désormais elles seront à vous, mais vous en paierez le cens ; vous n'avez pas de moulin, j'en ferai construire un pour votre utilité, mais vous me paierez un abonnement ; mon pressoir sera à votre disposition, mais, pour cet usage, vous acquitterez un droit ; à l'approche de l'ennemi, vous pourrez vous réfugier dans ma ville, mais vous m'aiderez à y faire le guet ; pour votre bétail, vous aurez le droit de vaine pâture dans mes champs en jachère, mais vous entretiendrez vos chemins et vous me ferez des corvées pour cultiver mon clos. — Et ces conditions étaient acceptées de part et d'autre, et ELLES OBLIGEAIENT.

____

(1) On voit que ce droit était coté à l'inverse de la dîme.

Il est vrai cependant que les habitants de Tharoiseau, qui devaient le guet à Avallon, résidence du Chapitre, refusèrent ce service en 1414 et furent condamnés à des amendes qui n'étaient pas encore payées en 1428 (1). Mais alors le pays était sans cesse parcouru en tous sens par des bandes d'*Armignas* (Armagnacs), et il était fort dangereux de se rendre à Avallon sans courir le risque de tomber entre leurs mains.

Quant aux *corvées*, nous croyons que les gens de Tharoiseau, privilégiés sous ce rapport, n'en faisaient point pour le Chapitre. Car le clos des Chanoines audit lieu était tenu en emphytéose par neuf cultivateurs qui en rendaient, en 1525, la somme de 9 livres 10 sous (2), et la vigne des mêmes chanoines était cultivée à leurs frais : les façons, qui consistaient, en 1428, à « tailler, poindre, merrenier (3), « et ployer », étaient payées à raison de 2 sous 1 denier par jour et par homme (4); — en 1434, les vignerons avaient à y « mettre merrain, tailler, dres- « ser, sermenter, fouyr, bigner, jusqu'au raisin cou- « per (5); » — en 1593, les paisseaux coûtaient au Chapitre 3 livres et les perches 6 livres le millier (6); et, en 1603, les frais de la vendange, faite le 18 septembre, furent ainsi enregistrées par le receveur du Chapitre : « payé à 92 coupeurs et porteurs, pour

(1) Arch. d'Avallon, CC, 83 et 84.
(2) Arch. de l'Yonne, G, 2196.
(3) *Planter les paisseaux*.
(4) Archives de l'Yonne, G, 2038.
(5) *Ibid.*, G, 2089.
(6) *Ibid.*, G, 2089.

« vendanger la vigne de Thoiroiseaul, 4 livres 14
« sous tournois; et pour le charroi des 25 poinçons
« de vendange de ladite vigne, à 14 sous l'un, 17 livres 10 sous (1). » — Seuls étaient assujettis aux
corvées ceux des habitants qui tenaient les biens sur
Tharoiseau de la Commanderie du Saulce d'Island,
laquelle, en 1323, en rendit hommage au duc de
Bourgogne (2).

6. — *Tharoiseau et ses seigneurs laïques*

Dans la première moitié du dix-septième siècle,
Tharoiseau devait changer de seigneur : le Chapitre
allait s'en dessaisir. Sans doute, les chanoines d'Avallon possédaient des domaines encore plus éloignés;
cependant, ils consentirent à échanger cette terre
contre une partie de celle de Chassigny, qui était plus
à leur portée.

Une certaine étendue de Chassigny appartenait
alors à une famille qui, autrefois, a joué un rôle
dans l'histoire d'Avallon, la famille Filzjehan (3). Or,
noble Jean Massot (4), conseiller au Parlement de
Bourgogne, qualifié, en 1612, *seigneur de Précy-
sous-Pierre-Pertuis et de Menades* (5), avait épousé
damoiselle Josèphe Filzjehan (6), qui reçut probablement en dot la partie de Chassigny que tenait sa

(1) Archives de l'Yonne, G, 2099.

(2) Chambre des comptes de Dijon, IX, 33,

(3) Arch. d'Avallon, II, 2, 1° et à la suite.

(4) Ailleurs, on lit *Massol;* un peu plus tard, on dira *de
Massol.*

(5) Ach. d'Avallon, GG,14.

(6) *Ibid.,* II, 2.

famille. Ce qui est certain, c'est que Jean Massot échangea, avec le Chapitre, Chassigny contre la seigneurie de Tharoiseau, qu'il rattachait ainsi à ses terres de Précy et de Menades ; seulement, nous ignorons la date de ce contrat. L'état civil d'Avallon nous apprend que Josèphe Filzjehan était veuve en 1632 : un acte du 31 mars s'exprime ainsi : « feu « Jean Massot, vivant sieur de Précy, Menades, Tha- « roiseau et autres lieux, conseiller du Parlement (1). » Mais nous croyons qu'à la mort dudit Jean Massot, les conditions de l'échange étaient bien arrêtées, mais non encore entièrement régularisées. Du moins, en 1639, le Chapitre d'Avallon faisait toujours acte de seigneur à Tharoiseau en demandant aux habitants la copie du titre de leurs franchises pour le faire collationner avec l'original par le chanoine Colas (2). Et d'un autre côté, aux Archives de l'Yonne, dans le fonds provenant du Chapitre, se trouve, à la date de 1643, le contrat définitif de *l'acquisition par échange d'une partie de la terre de Chassigny, de demoiselle Filzjehan, veuve de feu Jean Massot, conseiller au Parlement* (3), — tandis qu'à la même date, 1643, les Archives de la Côte-d'Or mentionnent la *reprise* EN SON NOM *de la terre de Tharoiseau par damoiselle Josephte Filzjehan, relicte de feu J. Massot, conseiller au Parlement de Bourgogne* (4).

Par cet acte, le Chapitre cédait à ladite demoiselle Filzjehan, veuve de J. Massot, tous les biens qu'il

(1) Arch. d'Avallon, GG, 15.
(2) Arch. de l'Yonne, G, 2164.
(3) *Ibid.*, G, 2215.
(4) Chambre des Comptes de Dijon.

possédait et tous les droits seigneuriaux dont il jouissait sur Tharoiseau, même la dîme, redevance ecclésiastique, qui devenait ainsi *dime inféodée* (1).

Madame Massol était restée veuve avec au moins trois enfants, Guillemette, Olympe (2) et Odette. Elle maria cette dernière à M. Jacques Fyot de Vaugimois (3), d'une ancienne et illustre famille parlementaire de Bourgogne, et lui donna en dot les terres et seigneuries de Tharoiseau et de Menades. Madame Massol mourut en 1655 et fut enterrée à Avallon : à l'occasion de ses funérailles, la ville fit porter des torches par les pauvres et offrit des confitures à la dame d'Origny (4); cette dépense s'éleva à la somme de 13 livres (5).

Odette DE Massol et son époux demeuraient ordinairement à Dijon. Messire Jacques Fyot de Vaugimois n'était plus, lorsque nous retrouvons damoiselle Odette de Massol à Tharoiseau, en janvier 1658 : dans cette circonstance, elle fut marraine d'une fille d'Antoine Teuchon, procureur du juge audit lieu; le parrain de l'enfant était noble Claude Fyot, chanoine de Saint-Bénigne de Dijon (6), son beau-frère (7). En

(1) Arch. de l'Yonne, E, 131.

(2) Olympe épousa J.-B. Gallois, seigneur de Marnay *(alias Marcilly)*.

(3) Arch. de la Côte-d'Or. Chambre des Comptes de Dijon.

(4) C'était la coutume à cette époque de faire ces sortes de présents d'honneur aux dames de qualité qui passaient dans une ville.

(5) Archives d'Avallon, CC, 261.

(6) Claude Fyot devint abbé de Saint-Bénigne : il a écrit avec talent l'histoire de son abbaye et celle de la ville de Dijon.

(7) Mairie de Saint-Père, — État civil.

1662, elle fit aveu et dénombrement de ses seigneuries (1).

Nous ignorons le nom du fils né de son mariage avec Jacques Fyot, ainsi que l'alliance que ce fils a contractée plus tard ; mais nous savons que la dame de Vaugimois, née Odette de Massol, mourut à la fin de 1684 ou au commencement de 1685 ; car son petit-fils et héritier testamentaire, Bernard Fyot, écuyer, seigneur de Vaugimois, rendit foi et hommage, aveu et dénombrement de ses terres de Tharoiseau et Menades, les 11 et 13 avril et 6 juillet 1685 (2).

Anselme-Bernard Fyot de Vaugimois, fils du précédent, chevalier, conseiller au Parlement de Bourgogne, en rendit foi à son tour, le 4 janvier 1712 ; et le 27 avril 1714, Anne-Philippine de Valon de Mimeure, son épouse, de lui autorisée, en fournit aveu et dénombrement à la Chambre des Comptes de Dijon (3).

Leur fils, Richard Fyot de Vaugimois, capitaine de cavalerie au régiment de Condé, visita Tharoiseau en 1718 : le 20 janvier, il tint sur les fonts de baptême un enfant du pays, — Au mois d'octobre 1720, toute la famille Fyot était à Tharoiseau, et durant ce séjour elle donna une preuve touchante de ses sentiments envers les gens du peuple : Aussitôt après sa naissance, la fille de Blaise Bigot, vigneron, et de Louise Rousseau fut présentée à l'église pour y être baptisée : la marraine, qui lui donna son nom, Anne-Philippine, fut la châtelaine elle-même, Anne-Philippine

(1(Arch. de la Côte-d'Or, Chambre des Comptes.
(2) Arch. de l'Yonne, E, 131.
(3) *Ibid.*, E, 131.

de Vallon, dame de Tharoiseau, Menades et Vaugimois, épouse (séparée de biens) de messire Anselme-
Bernard Fyot de Vaugimois, chevalier, conseiller
honoraire au Parlement de Bourgogne ; le parrain,
que nous avons déjà vu, fut messire Richard Fyot de
Vaugimois, capitaine au régiment de Luynes, et le
prêtre qui, du consentement et en présence du curé,
administra le baptème fut messire Claude Fyot de
Vaugimois, docteur de Sorbonne, abbé de Notre-
Dame du Tronchet (1), supérieur du séminaire Saint-
Irénée de Lyon (2). Ce fut apparemment à l'occasion
de cette visite que Madame Anne-Philippine Fyot
résolut de remplacer à ses frais, dans l'église de Tharoiseau, l'autel de Sainte-Anne, sa patronne, par une
chapelle sous le même vocable : cette chapelle fut
bénite, le 18 mars 1725, par l'archiprêtre d'Avallon (3).

A l'époque de son mariage, en 1728, messire Richard Fyot de Vaugimois *de Mimeure* (4), chevalier,
seigneur de Vaugimois, reçut de ses parents, Anselme-
Bernard Fyot et Anne-Philippine de Vallon, en constitution dotale, par contrat du 7 novembre, les seigneuries de Tharoiseau et de Menades ; il en rendit foi
et hommage, aveu et dénombrement, les 29 janvier et

(1) Mairie de Tharoiseau, état civil.

(2) D'après la *Biographie universelle* de MICHAUD, cet abbé,
petit-neveu de l'abbé de Saint-Bénigne, avec lequel on l'a parfois confondu, naquit à Dijon en 1689, mourut à Lyon vers 1750
et publia plusieurs ouvrages ascétiques.

(3) Le procès-verbal de cette bénédiction sera rapporté plus
loin.

(4) Il tenait ce titre par sa mère, de son aïeul Jacques-Louis
de Vallon, marquis de Mimeure, lieutenant général distingué
et membre de l'Académie française.

3 février 1729. Nous rappellerons ici, d'après ce document authentique, les droits auxquels la seigneurie de Tharoiseau était tenue envers son possesseur.

« Aveu et dénombrement que donne au Roy, aux
« personnes de Nosseigneurs de la Chambre des
« Comptes de Bourgogne et Bresses, Messire Richard
« Fyot de Mimeure, chevalier, seigneur de Vaugimois
« et autres lieux, capitaine en pied au Régiment de
« Cavallerie de Luynes, des terres et seigneuries de
« Tharoiseau, Menades et dépendances situés dans
« l'étendue du Bailliage d'Auxois, siège particulier
« d'Avallon, à luy appartenantes par son contrat de
« mariage, reçu Cazotte et son confrère, notaires en
« cette ville, le 7 de novembre dernier, controllé et
« insinué le 20 du même mois ; et consistent les dites
« terres et seigneuries aux choses ci-après :
« Tharoiseau. Premièrement, audit Tharoiseau ledit
« seigneur a son château et maison seigneurialle,
« pourpris et jardin, le tout de la contenance d'envi-
« ron trois journaux ;
« La justice haute et moyenne et basse tant pour
« le civil que pour le criminel, avec pouvoir d'insti-
« tuer bailly, procureur d'office, greffier et sergent,
« messiers pour l'administration de la dîme (1) ; lui
« apartient les dixmes de vin à raison de vingt l'un ;
« Chaque habitant tenant feu et lieu audit Tharoi-
« seau doit audit seigneur quinze sols de redevance
« annuelle pour les avoir affranchies, étant aupara-
« vant mainmortables ;
« Le pressoir bannal et le moulin à vent sciz sur

___

(1) Ainsi, outre les *messiers* nommés par la population, le seigneur avait aussi les siens.

« la montagne dudit lieu lui appartiennent, et pareil-
« lement toutes épaves (1), amendes et confiscations,
« droits de lods et vente à raison de six blancs pour
« livres (2) sur tous les héritages qui se vendent audit
« lieu, dont les acquéreurs sont obligés d'apporter au
« greffe de la justice copies de leurs contrats dans
« quarante jours après la passation d'iceux, à peine
« de trois livres cinq sols d'amende ;

« Aussy le droit de retenue des héritages et en
« remboursant à l'acquéreur le prix de son acquisition (3) ;

« Chacun journal de terre et ouvrée de vigne sciz
« en la justice dudit lieu, luy doit un blanc de
« cens (4), portans tous droits seigneuriaux ; mais
« outre les cens généralles, il y en a plusieurs de
« particulières qui luy doivent être payées le lende-
« main de Pâques, ainsy qu'il est plus au long porté
« par le terrier (5) ;

« Chacun habitant luy doit six deniers de présen--
« tation par chacune tenue des jours, à peine de cinq
« sols d'amende et de deux courvées dans le temps
« des vendanges ;

« Apartient audit seigneur le droit de ban et per-
« mission de vendange, sans laquelle permission

(1) Le droit d'épaves attribuait au seigneur toutes les choses
sans maitre sur son domaine.

(2) A trois sous par franc, ce droit était élevé.

(3) Par le *droit de retenue,* le seigneur ou son juge pouvaient
annuler une vente, s'il était prouvé qu'il y avait eu dol ou
fraude.

(4) Ce droit de cens avait donc été unifié à une date que nous
ignorons.

(5) Registre des censitaires avec leurs redevances : celui de
Tharoiseau nous est inconnu.

« aucun habitant ne peut vendanger, à peine de trois
« livres d'amande ;
« Dans ladite seigneurie appartient audit seigneur
« trois cents journaux de terre, deux cent ouvrées de
« vignes et quarante soitures de preys en plusieurs
« pièces (1).....
» Nous, soussigné, Richard Fyot de Mimeure, che-
« valier, seigneur de Vaugimois et autres lieux, capi-
« taine en pied au régiment de cavalerie de Luynes,
« certifions le contenu au présent dénombrement
« véritable, sauf à y ajouter ou diminuer s'il y a
« lieu, en foy de quoy nous nous sommes soussigné
« et fait apposer le sceau de nos armes, à Dijon, le
« le vingt neuf janvier, mil sept cent vingt neuf ;
« signé : Fyot de Mimeure, conseiller ; à Dijon, le
« 29 janvier mil sept cent vingt neuf ; signé : Per-
« rault ; reçu sept livres quatre sols y compris les 4
« sols par livre. Michel.
« Les Président, Trésorier de France, Intendant
« des Finances, grands voyers en Bourgogne et
« Bresses, chevaliers, conseillers du Roy, tenant la
« Chambre du Domaine, veue la requête de Richard
« Fyot de Mimeure, chevalier, conseiller, seigneur
« de Vaugimois, Tharoiseau, Menades et autres lieux,
« tendant au blâme (2) du dénombrement des terres
« et seigneuries de Tharoiseau et Menades, vu ledit
« dénombrement, conclusions des gens du Roy, et
« rapport de Mᵉ François Gribaudet, conseiller du
« Roy, trésorier de France, commissaire en cette
« partie, — les Président, Trésoriers de France tenant

---

(1) Suivent les dispositions relatives à Menades.
(2) Probablement *critique, discussion, examen approfondi*.

« le Chambre du Domaine ont ordonné et ordonnent
« que, par le greffier d'icelle, duplicata dudit aveu
« et dénombrement sera expédié et délivré au Pro-
« cureur du Roy, à la diligence duquel il sera envoyé
« sur les lieux pour être lue et publiée à l'assemblée
« la présente ordonnance par trois dimanches consé-
« cutifs à l'issue des messes paroissiales des lieux
« dont il s'agit (1), et sera fait sur lesdites publica-
« tions deument rectiffiées et rapportées à la Chambre
« extraordinaire ce que de raison, et seront toutes
« oppositions recues à ladite Chambre du Domaine.
« Fait à Dijon, le trois février mil sept cent vingt
« neuf (2) ». (Suivent les signatures).

Mais nous ne retrouvons plus ni M. Richard de
Fyot de Mimeure, ni sa famille à Tharoiseau (3) : en
février 1737, M. Richard Fyot accepta bien d'être
parrain d'un enfant du pays dont il était seigneur,
mais il se fit représenter (4). Dans les derniers mois
de l'année 1749, il vendit ses terres et seigneuries de
Tharoiseau et Menades à M. Pierre Champion, seigneur de Précy-sous-Pierre-Pertuis. Celui-ci en rendit foi et hommage dans le délai de trois mois fixé
par la Coutume de Bourgogne, et son acte fut reçu
et arrêté en la Chambre des Comptes de Dijon, le 25
février 1750; à cet arrêt furent jointes les lettres
d'attache qui y étaient relatives (5).

---

(1) Ces publications de l'acte d'aveu permettaient à tous de
réclamer et de protester contre les inexactitudes introduites
dans les déclarations.

(2) Arch. de l'Yonne, E, 131.

(3) La famille Fyot de Mimeure existe toujours.

(4) Mairie de Tharoiseau, — État civil.

(5) Arch. de l'Yonne, E, 131.

Nous ne savons rien de Pierre Champion, seigneur de Tharoiseau, si ce n'est qu'il ne garda cette terre que dix-huit ans (1), et que par contrat du 25 mars 1767, il vendit les fiefs de Tharoiseau et Menades à Madame d'Assay, née Marie-Pierrette de Bonin du Cluseau, veuve de Edme-François II d'Estut d'Assay, depuis 1759.

Par suite de cette acquisition, Madame d'Assay, par procuration spéciale, prêta foi et hommage au Roy en sa Chambre des Comptes de Bourgogne, le 25 juin suivant (2), desdites terres et seigneuries de Tharoiseau et Menades ; puis elle se fixa à Tharoiseau avec tous les siens. Le 24 avril 1770, elle maria l'une de ses nièces, Marguerite d'Estut, à messire François Thomas, chevalier, seigneur d'Island (3).

Lorsque Louis XVI monta sur le trône, la noblesse lui fit serment de fidélité et lui renouvela ses actes de foi et hommage pour toutes les propriétés qu'elle possédait : Madame d'Assay accomplit ce devoir le 11 décembre 1776 (4). Mais, peu de temps après, elle eut la désagréable surprise de recevoir signification que, à la requête du procureur du roi en la Chambre des Comptes du duché de Nivernais, ses seigneuries de Précy et de Menades étaient saisies et mises sous la main du roi, sous prétexte qu'elles relevaient de

(1) Pierre Champion mourut et fut enterré à Avallon, le 13 janvier 1773. — (Arch. de la ville, GG, 40).

(2) Arch. de l'Yonne, E, 131. — Arch. du château de Tharoiseau, grosse en parchemin à laquelle sont jointes les lettres d'attache en date du même jour. — Généalogie de la maison de Stutt, par le marquis de la Guère, p. 245

(3) Inventaire des Arch. de l'Yonne, GG, p. 186.

(4) Arch. du château de Tharoiseau.

ce duché. Naturellement, Madame d'Assay dut réclamer, protester contre cette mesure et justifier de ses
titres; mais, (tant on est en France esclave depuis
longtemps de la formalité!) ce fut seulement, malgré
tous ses droits, en 1780, le 13 septembre, que, par acte
passé devant Goussot et Pannuet, notaires, et recon-
naissant que Précy et Menades étaient réellement en
la mouvance du roi à cause de son duché de Bourgogne, elle eut avis de la main-levée de cette saisie de
ses biens; et, en lui signifiant que ces terres n'étaient
point du Nivernais, *comme il l'avait pensé*, Antoine-
Charles Parmentier, procureur général du roi en la
Chambre des Comptes du Domaine du duché de Nivernais, semblait vouloir flatter Madame d'Assay et, par
ces flatteries, lui faire oublier les ennuis dont il était la
cause; car il lui donnait pompeusement le titre de
marquise d'Assay (1).

Madame d'Assay était restée veuve à l'âge de dix-
huit ans, après avoir donné à son mari trois enfants,
savoir : Philibert-Marie, qui perpétua le nom ; — Ga-
briel-Alphonse, qui devint chevalier de Malte, — et
Louise-Françoise, qui mourut en 1782 (2).

M. Philibert-Marie de Stutt d'Assay, né le 10 octobre 1757, fut d'abord page de la Reine de France;
en 1782, il était capitaine au régiment de Royal-Ca-
valerie; en février 1789, il recevait son brevet de
major en second au régiment de Cambrésis-Infanterie;
le 9 juin de la même année, il épousa Mlle Louise-

(1) Arch. du château de Tharoiseau et *Généalogie de la famille*.

(2) Ce renseignement et ceux que contient la note suivante,
sont empruntés à la *Généalogie de la famille,* sauf ceux dont la
source sera indiquée.

Françoise de la Barre. — Quelques semaines plus tard éclatait la Révolution qui allait changer complètement l'état social en France (1).

7. — *Tharoiseau et les impôts*

Pour nous faire une idée exacte de l'état de la société avant la Révolution et des charges alors supportées par le peuple, il nous reste à parler des impôts ; et, sous ce titre, nous ne comprendrons pas les redevances féodales qui, nous l'avons vu, ressemblaient plutôt à un fermage perpétuel qu'à un impôt. — Or, ces impôts se divisaient en trois classes : ceux qui intéressaient la communauté des habitants, — ceux qui servaient à l'administration de la province, — et enfin ceux qui allaient à l'Etat et étaient appelés les *impôts royaux ;* on voit qu'après tout, ce sys-

(1) M. d'Assay n'émigra point pendant la Révolution, malgré l'offre que lui firent les princes, d'un commandement de mestre de camp dans l'armée royale : il resta à Tharoiseau afin de donner tous ses soins à son frère, le chevalier de Malte, devenu tout à fait infirme. Pendant les années de disette, 1790 et 1791, il distribua à pleines mains les secours autour de lui aux malheureux, victimes de la famine ; bien plus, afin d'être mieux en état de soulager les populations voisines, il n'hésita pas à faire des emprunts : et, malgré tous ces actes de bienfaisance, en 1792 il vit venir les révolutionnaires piller son château de Tharoiseau, et emporter ou briser tout ce qui s'y trouvait de précieux. Refusant de croire qu'on en voulût à sa vie, M. d'Assay empêcha les habitants de Tharoiseau de résister à ces misérables, qui l'arrêtèrent et l'emmenèrent à Paris où, pendant dix-huit mois, il fut enfermé à la Conciergerie ; il n'en sortit qu'à la mort de Robespierre, après avoir été plusieurs fois sauvé par l'ingénieux dévoûment d'un geôlier qui, sans cesse, changeait son ordre d'écrou. Quand ces mauvais jours furent passés, M, d'Assay revint dans son château de Tharoiseau, où il mou-

tème avait une grande analogie avec ce qui se pra-
tique de nos jours. Seulement, la répartition et la
perception de ces impôts se faisaient d'une manière
autre qu'aujourd'hui.

Tout d'abord, après avoir arrêté les impôts royaux
et voté les impôts provinciaux, les Etats de la province
de Bourgogne laissaient le soin de la répartition aux
Elus composant la Chambre des Elus de Dijon, laquelle
dans la province avait à peu près les pouvoirs du
Conseil général dans un de nos départements actuels :
d'après les rôles des dix années précédentes, les
Elus taxaient chacune des *Recettes des finances* entre
lesquelles était divisée la Bourgogne ; à leur tour,
et d'après ces mêmes états détaillés, les *commis des
Recettes* fixaient la quote-part d'impôts à payer par

rut le 8 décembre 1838, après avoir été maire de sa commune
pendant de longues années ; il avait quatre-vingt-un ans. —
De son mariage avec Mlle de la Barre naquirent : en 1790,
Louise-Alphonsine (*), mariée en 1811 à M Frère de Villefran-
con, — en 1791, Paul, qui eut pour marraine son aïeule pater-
nelle, Mme d'Assay, née Marie-Pierrette de Bonin : Paul a dû
mourir en bas âge, car son nom ne se retrouve qu'à l'état civil
de Tharoiseau, dans son acte de baptême, — en 1797, M. Henri,
qui perpétua la postérité directe, — Mlle Henriette-Virginie,
mariée en 1819 à M. le baron de Chiseuil ; — et Mlle Angélique
qui, après une vie toute remplie de bonnes œuvres, mourut à
Tharoiseau, le 9 janvier 1859, sans avoir été mariée.
Par contrat du 8 février 1827, M. Henri de Stutt d'Assay
épousa Mlle Augustine-Ferdinande de Tulle de Villefranche ; il
succéda à son père comme maire de Tharoiseau et remplit ces
fonctions jusqu'à sa mort, arrivée à Vichy, le 18 août 1852. —
De son mariage, il laissa une belle famille de neuf enfants :
M. Joseph-Marie-Gustave, qui suit, — M. Charles-Henri-Louis-

(*) *Les titres de ses parents, de ses parrain et marraine, mentionnés dans son acte de baptême, ont été biffés pendant la Révolution !*

chaque paroisse de leur ressort : Tharoiseau avait
ainsi son chiffre réglé par la Recette d'Avallon, de
laquelle il dépendait ; enfin, les *asseurs,* choisis dans
la paroisse par les habitants assemblés, ou bien,
comme à Tharoiseau, les échevins eux-mêmes répar-
tissaient sur les imposables, à proportion de leur
fortune ou de leurs facultés, ces impôts d'intérêt
général auxquels s'ajoutaient ceux de la communauté; .

Marie, qui suit également, — M. Henri-Léon-Marie, époux de
Mlle Marie-Caroline d'Erard, d'où deux fils et trois filles, —
M. Eugène-Alphonsé-Marie, mort à 19 ans, en 1854, sans avoir
été marié, — M. Léonce-Henri-Marie, époux de Mlle Geneviève
d'Anthenaise, d'où un fils et une fille ; — Mlle Constance-Am-
broisine-Ferdinande épouse M. de Tramecourt, morte sans enfants en 1856, — Mlle Marie-Charlotte-Angélique, épouse de
M. le marquis de la Guère, d'où deux fils et trois filles, —
Mlle Marie-Ferdinande-Léontine, épouse de M. du Sablon, d'où
deux fils et une fille, — et Mlle Marie-Caroline-Gabrielle-Phi-
lomène, épouse de M. de Dreuille, d'où quatre fils et une fille.

L'ainé de la famille, M. Joseph-Marie-Gustave d'Assay. né le
1er décembre 1827, épousa, le 26 août 1861, sa cousine, Mlle
Angélique de Terrier-Santans; il meurut sans postérité, le 6
novembre 1872, après avoir été constamment maire de Tharoiseau depuis la mort de son père. Sa veuve se retira, en 1875,
chez les Carmélites de Lons-le-Saulnier, dont elle devint prieure
en 1883 : elle y est morte le 22 janvier 1900.

M. Charles-Henri-Louis-Marie de Stutt d'Assay, frère du précédent et son légataire universel, était né le 15 novembre 1828:
entré, en 1847, à l'école militaire de Saint-Cyr, il en sortit, en
1849, sous-lieutenant de cavalerie; capitaine adjudant-major,
le 19 août 1860, il démissionna en mars 1861 ; et le 30 avril de
la même année, il épousa sa cousine, Mlle Marie-Angélique-
Henriette Deschamps de Bisseret; M. Charles-Henri-Louis-Marie
de Stutt d'Assay fut également maire de Tharoiseau jusqu'à sa
mort arrivée le 26 février 1900 ; son épouse l'avait précédé dans
la tombe, le 21 septembre 1879.

De leur union, est né, le 10 décembre 1865, M. le comte Gus-
tave-Marie-Joseph-Alexandre de Stutt d'Assay, actuellement
propriétaire du château de Tharoiseau et de ses dépendances.

et les *collecteurs,* désignés pareillement par l'assemblée des paroissiens, faisaient leurs recettes pour l'époque marquée par le *Sous-Intendant* ou l'*Intendant.* — Dans ces conditions, on peut se demander si toutes ces opérations, les répartitions surtout, étaient toujours effectuées avec impartialité dans les paroisses, petites ou grandes, par des hommes subissant malgré eux l'influence peut-être de quelques personnages plus ou moins puissants. —Rien d'étonnant à ce que, dans un siècle, nos arrière-neveux ne se posent la même question à propos de la méthode suivie de nos jours.

Quoi qu'il en soit, qu'étaient ces impôts du passé ?

Les *impôts locaux* ou *communaux* étaient directement consacrés au bien et à l'utilité du village lui-même, par exemple aux réparations de l'église, de l'école, du presbytère, aux gages du messier ou garde champêtre, à l'entretien de la fontaine, au paiement des frais occasionnés par des troupes de passage, etc., etc. Nous nous souvenons des travaux exécutés à la fontaine de Tharoiseau en 1509 (1), des mesures prises en 1531 pour acquitter les frais de séjour de certains soldats (2). Ces impôts étaient votés non pas par le Conseil municipal qni n'existait pas encore, mais par tous les habitants réunis en assemblée générale.

Les *impôts provinciaux* servaient à faire face aux frais d'administration de la province, à la construction et à l'entretien des routes, des canaux, etc., à la défense du baillage ou même de la Bourgogne : ces

(1) Arch. de l'Yonne, G, 2229.
(2) *Ibid.,* 2230.

dernières dépenses, pendant le seizième siècle, furent imputées sur les villes *nouvelles closes* (ou nouvellement fortifiées); et, à ce titre, Tharoiseau dut payer pour sa part de cette contribution en 1569 (1) une somme qui n'est pas spécifiée, et, en 1575, une somme de 53 livres (2). — Les fonds provenant de ces impôts provinciaux servaient aussi aux secours à distribuer au cas d'incendies ou d'autres désastres ; comme nous l'avons indiqué tout à l'heure, ces impôts étaient votés par les Etats de Bourgogne.

Les *impôts royaux* étaient consacrés aux charges générales de tout le pays : ils avaient noms la *taille,* la *capitation* et le *vingtième.* — La *taille* seigneuriale avait été abolie, il est vrai, par les chartes d'affranchissement; mais le roi la rétablit bientôt pour son propre compte ou plutôt pour le compte de l'Etat : cet impôt dont étaient exempts les nobles, certains magistrats et les septuagénaires, frappait sur la personne en raison de sa fortune, de ses revenus, de son industrie, et même des biens qu'elle faisait valoir, Comme son nom seul rappelait le servage, la taille fut toujours profondément impopulaire. — La *capitation*, qui se percevait par feu et par famille sans aucune exception, fut établie en 1695 à l'occasion de la guerre ; elle fut supprimée à la paix de Ryswick, mais rétablie en 1701, pour un moment, disait-on..., et elle devint permanente. Le clergé était abonné à la capitation et payait 4 millions par an. — L'impôt du *vingtième* remplaça celui du *dixième*, puis celui du *cinquantième*, tour à tour appliqués et supprimés de

(1) Archives d'Avallon, EE, 42.
(2) *Ibid.*, EE, 35.

1710 à 1741 : il s'entendait du vingtième du revenu, et atteignait même la noblesse ; tout d'abord, il ne fut que provisoire, mais ensuite le roi eut toujours de bonnes raisons pour le maintenir. D'après les rôles dressés en 1757 par ordre de l'Intendant de Bourgogne, Tharoiseau payait alors pour ce seul impôt, véritable impôt sur le revenu, la somme de 222 livres (1), c'est-à-dire environ 650 francs d'aujourd'hui.

Il est intéressant de remarquer comment, dans le cours des siècles, ces impôts ont suivi une marche toujours ascendante : les quelques documents que nous avons sur Tharoiseau (2) suffisent pour nous faire constater ce fait. Ainsi, en 1554, la somme de ces impôts royaux s'élevait pour Tharoiseau à 28 livres (environ 395 francs d'aujourd'hui) à répartir sur 38 contribuables (3) ; en 1663, elle était de 238 livres (qui vaudraient actuellement 1660 francs, pour 56 contribuables (4) ; en 1763, les mêmes impôts avaient encore monté à 1153 livres (ou 3460 fr.) pour 61 contribuables (5). Ainsi encore, sous Louis XIII, ils étaient plus élevés que sous les Valois, sous Louis XIV que sous Louis XIII, sous Louis XV que sous Louis XIV ; et cette progression ne s'est pas encore arrêtée !!

Mais, ce n'était pas tout : il y avait encore, tout comme aujourd'hui, les impôts indirects, par exemple

(1) Archives de l'Yonne, C, 180.
(2) Arch. de l'Yonne, C, 161.
(3) Ou, de notre monnaie, 10 fr. 40 par contribuable.
(4) Ou, de notre monnaie 20 fr. 60 par contribuable.
(5) Ou, de notre monnaie, 56 fr. 60 par contribuable.

sur le tabac, sur le sel, sur les successions, sur le papier timbré, etc., etc., et surtout les *aides* qu'on appelle aujourd'hui les *droits de régie.* — L'impôt sur le sel ou la *gabelle* fut toujours détesté par tous. « Notre épée est à votre service, disaient au roi les Etats de Bourgogne; mais la gabelle est une innovation que nous n'acceptons pas ». A la fin cependant, il fallut bien consentir à cette nouveauté; seulement, grâce à la fermeté des Etats, elle ne devint jamais'un impôt forcé en Bourgogne, comme elle le fut pour tout le reste de la France : les Etats en firent une administration indépendante et régie par eux, de sorte que la Bourgogne achetait le sel au gouvernement et le revendait à son gré, sans obliger les consommateurs à en acheter, qu'ils en aient besoin ou non (1). Dans certains centres, il y avait des *greniers à sel* ou magasins, qui tenaient le sel à la disposition du public : Tharoiseau relevait du *grenier à sel* d'Avallon. Cependant, malgré les précautions prises par les Etats pour maintenir à la portée de tous cette denrée de première nécessité, le sel fut parfois vendu à un prix incroyable aujourd'hui : en 1609, à Tharoiseau, une pinte de sel (environ 2 livres et demie) se payait 11 sous (2) qui représentent actuellement plus de 4 fr. 50 !

Tous les droits énumérés plus haut sont connus; disons cependant qu'ils étaient moins élevés que de nos jours. — Quant aux *aides* ou *droits de régie,* ils n'existaient pas en Bourgogne; et, ici, sans avoir rien

(1) Dans le reste de la France, on obligeait tout habitant à acheter 7 livres de sel par an.

(2) Archives de l'Yonne, G. 2096.

à payer, tout propriétaire pouvait vendre en gros et en détail la récolte de ses vignes. Mais, en 1680, Louis XIV, dont le trésor était à sec, imposa ces droits chez nous en faisant payer à l'acheteur 28 sous par muid de vin enlevé d'une cave : c'était le droit de circulation, très élevé évidemment, puisqu'il répondait à environ 6 francs de notre monnaie.

Le roi déterminait le chiffre des impôts royaux, sans pouvoir le rendre légalement obligatoire pour la Bourgogne, parce que la Bourgogne, pays d'Etats, avait le droit de s'administrer par ses représentants qui votaient les impôts provinciaux, *discutaient les impôts royaux et souvent diminuaient la somme réclamée par le roi.* — Parmi les représentants des trois ordres de la société d'alors, l'auteur des *Libertés de la Bourgogne* (1) indique ceux qui s'occupaient surtout des intérêts du peuple : ce n'était pas, dit-il, le tiers-état qu'absorbaient le commerce, l'industrie, l'agriculture ; ce n'était pas non plus la noblesse qui ne connaissait guère que son épée ; c'était le clergé qui s'occupait du peuple. On le vit bien à Tharoiseau, Island, Pontaubert et autres villages voisins, quand, en 1693, des chanoines d'Avallon visitèrent avec les prud'hommes les campagnes dévastées par la grêle le 12 et le 14 juillet, pour adresser aux Elus, en faveur des sinistrés, une demande en dégrèvement d'impôts (2). On l'avait bien vu déjà, en 1660, quand l'évêque d'Autun, de droit président des Etats de Bourgogne, osait dire à Louis XIV qui avait voulu

(1) Rossignol, *Les Libertés de la Bourgogne, d'après les jetons des Etats.*

(2) Arch. de l'Yonne, G, 2026.

taxer *d'office* la province : « Je suis l'ambassadeur-né
« des pauvres auprès du roi ; et j'ai ordre spécial de
« la province de Bourgogne de vous représenter,
« Sire, que vous avez violé nos libertés. » — Il est
probable qu'un évêque qui parlerait ainsi de nos
jours serait poursuivi pour avoir outragé un magistrat dans l'exercice ou à l'occasion de ses fonctions ;
il est à peu près certain du moins qu'il y a quelques
années, il aurait eu son traitement supprimé ; mais il
est absolument certain aussi que l'autocrate Louis XIV
ne fit pas saisir le temporel de l'évêque d'Autun.

II

LA PAROISSE

1. — Son origine et son organisation

Au point de vue religieux, Tharoiseau, en Bourgogne, appartenait au diocèse d'Autun ; il n'était pas compris, comme Saint-Père, dans la circonscription de Vézelay, qui relevait directement du Souverain-Pontife sans aucun lien avec l'évêché d'Autun dans le territoire duquel elle était enclavée ; et cependant, pour le spirituel, Tharoiseau était rattaché tout d'abord à la paroisse de Saint-Père.

Cette dépendance créait, il faut en convenir, une situation difficile aux habitants de Tharoiseau qui, pour assister aux offices, avaient à descendre à Saint-Père par des chemins absolument impraticables durant la mauvaise saison, ou bien encore à franchir sur la Cure le gué du *Chemin de la Messe* (1) lorsque, en raison des troubles si fréquents autrefois, le tablier du pont avait été enlevé. Leur foi, il est vrai, était de celles qui ne connaissent point d'obstacles : tout le pays en avait été témoin en 1657, lorsque Lazare Dangauthier emporta son enfant mort-né à Pontigny, le plaça sous la châsse de saint Edme, où le petit corps donna des signes évidents de vie permettant de le baptiser (2). — Pour leur permettre en tout

(1) C'est le nom que porte encore l'ancien chemin de Tharoiseau à Saint-Père.

(2) Archives de l'Yonne. Inventaire-sommaire, supplément E, GG, p. 185. — Voici du reste la copie du certificat attestant ¡e fait et conservé à la mairie de Saint-Père (état civil) : *Je sous-*

temps de remplir leurs devoirs religieux, les gens de Tharoiseau possédaient une chapelle ; souvent un prêtre résidait au milieu d'eux et leur donnait sans doute les secours de son ministère : c'est ainsi que nous avons vu Simon Duprey, prêtre à Tharoiseau, s'asseoir à côté du bailli aux assises de 1531 (1) ; c'est ainsi encore que, le 20 décembre 1647, le corps de messire Joseph Cullin, prêtre, demeurant à Tharoiseau, fut inhumé devant le grand autel de la chapelle dudit lieu (2). Il semble même que déjà cette chapelle était un peu considérée comme une église paroissiale, puisque au milieu du xviie siècle « elle possédait de « temps immémorial, comme biens de fondations, » cinq ouvrées de vigne situées à la Fontenotte, — puisque, le 25 août 1664, avaient été constituées au profit de sa *Fabrique* deux rentes foncières, l'une de 3 sous, l'autre de 7 sous, pour une messe basse, — puisque encore, le 31 octobre 1668, Jeanne Degoix et Lazare Blondeau lui avaient légué plusieurs héritages pour fondations de messes (3).

signé, bachelier en sainte Théologie de la Faculté de Paris, sou-prieur et sacristain en l'abbaye de Pontigny, certifie que cejour-d'huy, 2e avril 1657, a esté apporté de Terroiseau un enfant mort-né, fils de Lazare Dangauthier et de Brigitte Rousseau, lequel a esté exposé sous la châsse où repose le corps entier et sans corrup-tion du glorieux saint Edme, lequel après avoir receu le saint sacrement de baptesme a esté inhumé en terre sainte, audit lieu de Pontigny, le jour que dessus. Signature illisible.

(1) Arch. de l'Yonne, G, 2230.

(2) Mairie de Saint-Père, — état civil.

(3) Archives de Saône-et-Loire. — Lorsque M. l'abbé Perdrix, curé de Tharoiseau, a reçu d'un prêtre de Mâcon les renseignements puisés à cette source, l'inventaire-sommaire des archives de ce département n'était pas encore fait ; c'est pour cette raison qu'en utilisant ces renseignements, nous renverrons tout simplement aux Archives de Saône-et-Loire.

Évidemment, ces donations n'étaient valables qu'avec l'autorisation de l'évêque d'Autun ; et l'accueil favorable qu'elles recevaient auprès du prélat, devait être pour la population comme un encouragement et presque une invitation à tenter des démarches en vue de faire ériger Tharoiseau en paroisse.

Et, en effet, à la date du 28 octobre 1668, les échevins de Tharoiseau, se faisant l'écho du pays tout entier, adressèrent à l'évêque d'Autun une requête « pour être desservis par un prêtre (1). — Il faut convenir que, pour réussir, le moment était on ne peut mieux choisi.

Car l'abbé de Vézelay, Monseigneur Fouquet, venait de donner sa démission ; le diocèse d'Autun avait un nouvel évêque, Monseigneur de Roquette, qui usait de toute son influence à la cour pour réunir à son diocèse, Vézelay et le territoire de cette abbaye *nullius* (2) ; mais les curés des paroisses comprises dans ce territoire faisaient une violente opposition aux desseins et aux actes de l'évêque : ainsi l'évêque avait envoyé des missionnaires ; les curés ne les laissèrent pas prêcher ; — l'évêque leur avait adressé son mandement de carême : ils refusèrent de le publier. Or, l'un des plus ardents dans cette résistance à Mgr de Roquette était messire Charles Goureau, curé de Saint-Père, qui, à ce titre, avait Tharoiseau sous sa juridiction. —Tel était alors l'état des esprits.

Devant l'attitude de messire Goureau, l'évêque d'Autun n'a pas dû hésiter à démembrer sa paroisse

(1) Arch. de Saône-et-Loire.

(2) On appelait ainsi un monastère ou une abbaye qui relevait du pape et était placée en dehors de toute juridiction épiscopale.

et ainsi à soustraire absolument à toute ingérence de
la part de l'abbaye de Vézelay l'administration spirituelle de Tharoiseau qui, de droit, en était tout-à-
fait indépendante. — Nous n'avons pas l'ordonnance
par laquelle Mgr de Roquette érigea Tharoiseau en
paroisse : ce document n'était pas retrouvé quand
ont été prises les notes ici utilisées ; mais il ne faisait
sans doute aucune allusion aux difficultés du moment
et relatait seulement la requête des échevins de
Tharoiseau. Tout ce que nous savons, c'est que
l'abbé Charles Teuchon fut peu après nommé curé de
la paroisse de Tharoiseau et qu'il fit viser ses lettres
de prêtrise par M. Sabatier, vicaire général d'Autun,
le 17 avril 1669 (1).

Ainsi fut créée la paroisse de Tharoiseau, entre le
28 octobre 1668 et le 17 avril 1669. Il fallait maintenant l'organiser.

I. — *L'église.* — La chapelle devint « l'église paroissiale de Notre-Dame-de-la-Conception (2). »
Pendant longtemps, elle n'eut pas de clocher : la
cloche était suspendue au-dessus de la porte. Cette
église, au commencement, avait deux autels : l'un
dédié à la Très Sainte Vierge, l'autre dédié à sainte
Anne. Le premier, de sept pieds de longueur, n'avait
pas de rétable, mais il était orné de trois tableaux,
celui du milieu, au-dessus du tabernacle, représentant
l'image de la Vierge et celle de saint Pierre, patron
de la paroisse primitive (3), celui de droite, sur lequel

(1) Archives de Saône-et-Loire.

(2) Archives locales. — Cette dénomination remonte à l'année 1669 au moins.

(3) Saint-Père, dont le patron est saint Pierre.

était peint le Christ détaché de la croix, et celui de gauche, avec l'image de Notre-Dame-des-Sept-Douleurs (1). La pierre sacrée n'avait pas dix pouces carrés ; et, en 1694, lors de sa visite paroissiale, l'archiprêtre ayant consigné dans son procès-verbal la déclaration faite par le curé qu'*il n'avait pas pu en trouver une autre dans le diocèse*, l'évêque écrivit en marge : « C'est qu'il n'a pas cherché en temps et lieu, « lorsqu'il y en avoit : on en est venu chercher de « plus loin (2) ». Quant à l'autel de Sainte-Anne, il était orné « d'une image de la sainte, d'une de saint « Roch et d'une de saint Sébastien, le tout en pein- « ture rase avec quadre (3). — La chaire et le confessionnal ne sont mentionnés qu'en 1673 (4).

Néanmoins, cet édifice devait être de dimensions assez restreintes, car on parla bientôt de l'agrandir. Et le 25 août 1675, il y fut pourvu par Pierre Dangauthier, originaire de Tharoiseau, mais établi à Paris, rue de la Colonnerye, paroisse Saint-Eustache : en mourant, il laissa à sa paroisse natale la somme de 75 livres à consacrer « à l'agrandissement de l'édifice « de l'église dudit lieu de Tharoiseau », à condition qu'un service serait célébré pour lui, chaque année, à la date anniversaire de sa mort et que, pour ce service, les fabriciens donneraient au curé 25 sous et 5 sous au maistre d'escolle ; le 30 septembre suivant, en présence d'un notaire d'Avallon, les deux fabriciens, Léonard Lairot et Philibert Dereposeur, décla-

(1) Archives de Saône-et-Loire.
(2) *Ibid*.
(3) *Ibid*.
(4) *Ibid*.

rèrent au frère du défunt, Blaise Dangauthier, qu'ils « acceptaient le légat » aux conditions imposées ; en conséquence, la somme de 75 livres leur fut « pré- « sentement comptée en escus blancs et autre mon- « noye ayant cours (1) ».

Des fonts de baptême furent disposés, en 1669, près de l'entrée de l'église ; mais, comme ils n'étaient pas protégés d'une grille, ordre fut donné, le 16 septembre 1689, de les transporter dans le chœur, du côté de l'évangile, « où l'on pourroit plus facilement les balustrer (2). »

II. — *Vases sacrés et sacristie.* — L'ancienne chapelle, devenue église, n'avait pas de sacristie, et nous ignorons à quelle époque on en a construit une. Mais, dès l'institution de la paroisse, un coffre (ou armoire) fut préparé au côté droit de l'église, afin que le prêtre put y ranger les ornements et les vases sacrés (3) ; en 1669, l'église n'avait qu'un calice « non doré ni à « l'extérieur ni à l'intérieur » ; en 1671, avec le même calice, elle possédait un ciboire d'argent qui servait en même temps d'ostensoir, parce qu'il était disposé de manière à recevoir sur sa coupe un soleil d'argent ; en 1689, cette argenterie s'était augmentée d'un ostensoir ou « soleil d'argent dans son entier » et d'une croix en argent estimée 75 livres ; mais les vases aux saintes huiles étaient en étain. A cette même date, 1689, les ornements se composaient de quatre chasubles (trois de damas et une en camelot noir), une chappe, trois aubes, dix nappes et deux surplis, mais

(1) Archives locales.
(2) Archives de Saône-et-Loire.
(3) *Ibid.*

appartenant au curé (1). En 1725, Madame Fyot de Vaugimois donna une chasuble *de toutes couleurs* avec ses accessoires et un ornement de velours noir (2).

III. — *La fabrique et ses ressources.* — Nous avons vu précédemment qu'avant même l'existence de la paroisse, la chapelle de Tharoiseau possédait des biens et des revenus; elle avait même sa fabrique. Naturellement, le pays, en devenant paroisse, garda pour son église les fondations qui étaient à sa chapelle. A ces biens, s'ajouta, le 18 septembre 1671, une terre de la contenance de deux tiers de journal, léguée par Pierre Pinart, à charge d'une messe et d'un *Libera me* (3). Puis, un peu plus tard, en vertu du testament de Madeleine Soliveau, la fabrique entra en possession d'un journal de terre en deux pièces situées sur le territoire de Saint-Père; seulement, comme les fabriciens, Charles Bigot et Nicolas Poullain, ne trouvaient pas à louer ces terrains qui étaient trop éloignés, ils demandèrent à l'assemblée des habitants, tenue le 28 septembre 1693, ce qu'il convenait d'en faire : il leur fut donné tout pouvoir de vendre ces immeubles et d'opérer le remploi des fonds provenant de cette vente « au mieux des intérêts de la fabrique de l'église de Téroseaux (4). » — On voit par là que les fabriques s'administraient tout comme les communautés : les fabriciens, élus par la population, rendaient devant elle compte de leur gestion et lui

(1) Archives de Saône-et-Loire.
(2) Archives locales.
(3) Archives de Saône-et-Loire.
(4) Archives locales.

demandaient son avis touchant les biens et les intérêts de l'église. Ils n'étaient que les exécuteurs des
mesures arrêtées par l'assemblée des paroissiens.

IV. — *Cimetière*. — En 1669, Tharoiseau n'avait
pas de cimetière, puisqu'il n'était pas paroisse avant
cette époque : les inhumations avaient lieu à Saint-
Père. Lorsque Tharoiseau fut érigé en paroisse, les
habitants représentèrent à Mgr d'Autun qu'il y avait
devant leur église une place, avec une croix, qui pouvait servir de cimetière ; mais l'évêque refusa l'autorisation de bénir cet emplacement et d'y enterrer,
parce qu'il n'était ni clos ni fermé, et qu'il ne fallait
pas que les animaux puissent « y vagabonder et pro-
phaner ce lieu saint (1). » Cette réponse de l'évêque
nous explique pourquoi les corps des défunts de la
paroisse de Tharoiseau continuèrent à être enterrés à
Saint-Père jusqu'au 26 juin 1671 (2). En visitant alors
la nouvelle paroisse, l'archiprêtre, messire Jean Gri-
veau, curé de Saint-Pierre de Vézelay, autorisa à
faire les enterrements dans l'église, aux conditions
suivantes : il serait payé au profit de la fabrique dudit Tharoiseau 20 sous pour les grands corps (ceux des
morts âgés de plus de 14 ans) et 10 sous pour les
autres ; le marguillier, chargé des fosses, recevrait
10 sous pour les premières et 2 sous 6 deniers pour
les secondes ; les pauvres devaient être enterrés par
charité (3).

Cette permission n'était sans doute que temporaire
et devait laisser le temps d'aménager le cimetière ; les

(1) Archives de Saône-et-Loire.
(2) Mairie de Saint-Père. — état civil.
(3) Archives de Saône-et-Loire.

habitants eurent le tort de la considérer comme définitive et sans condition. Seulement, le 2 septembre 1692, l'archiprêtre Pierre Bezave, curé de Saisy, publia à Tharoiseau une ordonnance aux termes de laquelle « le cimetière devoit estre fait, clos et parachevé de-« dans Pasques prochain ; à défaut de quoy, il seroit « expressément défendu au sieur curé dudit Tharoi-« seau d'enterrer dans l'église : les corps seroient « portés au cimetière de la paroisse la plus proche, « menés et conduits par ledit curé, sans pour ce qu'il « puisse prétendre un plus grand droit (1). » — Le cimetière fut donc mis en état ; mais les inhumations se firent toujours, jusqu'au commencement de 1777, dans l'église. Il est probable que, seuls, les pauvres étaient enterrés au cimetière.

V. — *Le Presbytère.* — La nouvelle paroisse eut aussi à se procurer un logement pour son curé, et elle le fit sans tarder : le 1ᵉʳ janvier 1673, les habitants achetaient un immeuble destiné à être la « maison « presbitéralle avec l'intention d'y loger leur curé « et le maistre d'escole qu'ils auront. »

Malgré son étendue, nous reproduisons cet acte d'acquisition qui nous paraît surtout intéressant, parce que cette maison est toujours le presbytère d'aujourd'hui :

« Au nom de Dieu. *Amen.* L'an mil six cens « soixante et treize, le premier jour de janvier, au « lieu de Tharoiseau, après midy, pardevant moy, « Anthoine Minard, notaire et tabellion royal soussi-« gné, de la résidence de Vault Jaucourt (Vault-de-« Lugny), ont comparu en personnes dame Marguerite

(1) Archives de Saône-et-Loire.

« Beaufrère, veufve de m^re Christophle Colas, vivant
« marchand, demeurant audit Taroiseau, et m^ro Fran-
« çois Morel, son fils, praticien, demeurant à Véze-
« lay, lesquels solidairement l'un pour l'autre, l'un
« d'eux seul pour le tout, renonçant au bénéfice de
« division et ordre de discussion de biens, ont vendu,
« cédé, quitté et transporté, avec promesse de con-
« duire et garantie fournir et faire valoir perpétuel-
« lement, à peine de tous despens, dommages et
« intérests, à la Fabrique de l'église dudit Taroiseau
« stipulant par Moré Dangauthier et Pierre Basse-
« porte, procureurs fab. de lad. église, présens et
« acquéreurs pour la fabrique, assistez et du consen-
« tement de Annet Morlet et Léonard Dangauthier
« l'aisné, Lazare Dangauthier le jeune, Moré Rous-
« seau le jeune, Nicolas Rousseau, Jean Pouillat, Jean
« Dupré, François Dupré, Jacques Chapelein, Fran-
« çois Chapelein, Léonard Rousseau, Gabriel Bigot,
« Thomas Lairot, Jean Choppin, Pierre Milier, Claude
« Poullain, Thomas Gouard, Jean Tribouillard,
« Jean Rousseau, Pierre Nardot et Jean Contant,
« laboureurs et vignerons dud. Taroiseau, un bà-
« timent de fonds en comble, situé aud. Taroiseau,
« consistant en deux caves, l'une voûtée et l'autre
« en seillier, trois chambres hautes avec le grenier
« dessus, la cour audevant dud. bàtiment avec une
« masure joignant icelle, le tout tenant des trois
« parties à la rüe et à une place appartenant à Guil-
« laume Panna dud. lieu, sise audevant de la maison,
« et de l'autre part aud. Claude Poullain et à Blaise
« Cullin dud. lieu, avec les aisances et appartenen-
« ces d'icelle maison, sauf à icelle ses plus vrais
« et meilleurs confins, chargée de ses charges

« seigneurialles réelle, ancienne et acoutumée de
« payer, au reste franc d'hypothèque, cette vente
« faite moyennant la somme de deux cens livres
« en principal avec les vins au sol la livre, montant
« pour la moitié qui en revient audit Moret à
« cent sols, laquelle somme lesd. Dangauthier,
« Bnsseporte, Morlet, Léonard Dangauthier, Dere-
« poseur, Dangauthier l'aisné et le jeune, Pouillat,
« Jean et François Dupré, Jacques et François Cha-
« pelein, Léonard et Jean Rousseau, Gabriel Bigot,
« Thomas Lairot, Jean Choppin, Tribouillard, Lazare
« Roussot, Pierre Nardot et Jean Contant, solidaire-
« ment l'un pour l'autre et l'un d'eux seul pour le
« tout et sans division, la payeront auxd. Beaufrère et
« Moret incessamment; et quand à la somme de deux
« cens livres de principal, ils en payeront à la dé-
« charge desd. Beaufrère et Moret à Mrs Anthoine,
« Jacques et Etienne Minard le jeune, conseiller au
« Grenier à sel dud. Avalon et advocat en Parle-
« ment, demeurant aud. Avalon, sçavoir, six vingts
« onze livres cinq sols incessamment qui leur sont
« escheus pour arréraiges de rente escheüe au dernier
« terme, et le reste qui est soixante et huict livres
« quinze sols, ils le payeront aud. Jacques Minard
« sur et en moins de celle de cent livres que lesd.
« Beaufrère et Moret ont dit luy devoir de reste de
« deux principaux de rente de sept cens livres, les
« intérests de laquelle somme de soixante et huict
« livres quinze sols lesd. acquéreurs payeront aud.
« sieur Minard à comencer ce jourd'huy jusques au
« remboursement qu'ils seront tenus faire d'huy en
« deux années prochaines, quoy faisant lad. fabrique
« entrera aux droits d'hypothèque des susd. S^{rs} Mi-

« nard que lesd. acquéreurs se sont expressément
« réservez, le tout en sorte que les vendeurs n'en
« soient ni recherchez ni inquiétez, à peine de tous
« despens, dommages et intérests, se réservant lesd.
« vendeurs la jouissance dud. bâtiment pendant le
« temps de six semaines à comencer de ce jour-
« d'huy, avec les deux caves et le grenier de me-
« nuiserie propre à mettre bled, ensemble les marcs
« qui sont dans lesd. caves ; lequel bâtiment lesd.
« habitans ont déclaré acquérir pour loger le sieur
« Teuchon, prêtre et curé dud. Taroiseau, et le maistre
« d'escole qu'ils auront, ainsy les parties l'ont déclaré,
« dont elles sont contentes, à l'effet de quoy elles
« ont respectivement obligé leurs biens, etc., renon-
« çant, etc., à toutes choses à ces présentes contrai-
« res. Fait, leu et passé es présence de m^{re} François
« Minard, admod^{eur} de Pontaubert, et Hubert Danssin,
« laboureur à Menade requis, lequel, ny lesd. Basse-
« porte, Dereposeur, Lazare Rousseau, Lazare Dan-
« gauthier le jeune, Moré Rousseau l'aisné et le jeune,
« Dupré, Pouillat, François Chapelein, Léonard
« Rousseau, Gabriel Bigot, Jean Choppin, Pierre
« Milier, Poullain, Nardot, ont déclaré ne sçavoir
« signer, ce que les autres parties de tesmoings ayant
« signé sur la minutte avec moy (1). »

Mais, après cette acquisition, qu'ont fait les habitants de Tharoiseau ? Ont-ils négligé de payer dans
les délais stipulés, ou bien de faire leur déclaration
au fisc ? Nous ne savons. Mais à ce sujet, ils eurent
des difficultés que nous ne pouvons rappeler, parce
que le dossier qu'elles ont dû nécessiter n'existe

(1) Archives locales.

plus : il reste seulement une note sans date et sans signature, que nous transcrivons ici :

« 1ᵉʳ janvier 1673, acquisition d'une maison, etc.;
« (c'est le résumé de l'acte précédent.

« 2 requêtes des fabriciens.

« Ordonence de M. Boucher, intendant de Bour-
« gogne, du 20 juin 1675, au bas de la première :
« sentence ou avis de M. de Guijon, lieutenant cri-
« minel du bailliage, du 7 septembre 1675, qui pro-
« met d'envoyer son avis à Dijon ;

« Ordonence de M. Boucher d'imposer sur les
« habitans de Taroiseau dans le temps de deux an-
« nées ladite somme de 168 livres 14 sols 8 deniers
« d'un côté, et de 10 livres 10 sols pour les despens
« qui peuvent estre prétendus par lesd. François
« Mignard contre les fabriciens de Taroiseau, tant en
« vertu des jugemens qu'autrement, comm' encore
« de la somme de neuf livres pour les despens su-
« porté par les fabriciens à poursuittes desd. instences,
« lesquelles sommes revenant à celle de 188 livres 4
« sols 8 deniers, la moitié sera payé dans un an, et
« l'autre moitié un an après, moyennant (quoi) avons
« déchargé lesd. fabriciens de toutes poursuittes,
« qui pouroient être faites contre eux (1). »

VI. — *Ressources de la cure.* — D'après le droit, les ressources dont le pasteur avait besoin pour vivre devaient lui être fournies par les gros décimateurs, qui étaient l'abbé de Vézelay et le Chapitre d'Avallon. Quand Mgr Fouquet, retirant sa démission, reprit l'abbaye de Vézelay, l'évêque d'Autun lui laissa la nomination du curé de Tharoiseau ; et, à son tour,

(1) Archives locales.

l'abbé s'engagea à servir annuellement audit curé une *portion congrue* de 120 livres par an. Les chanoines de Saint-Lazare, de leur côté, firent avec le curé, l'abbé Teuchon, un traité par lequel ils lui abandonnaient : 1° les *dîmes vertes* à percevoir sur les légumes, pois, fèves, navets, etc., et sur le chanvre et le sainfoin ; 2° les *dîmes menues* à prélever sur les agneaux et la volaille ; et, de plus, ils s'obligeaient 3° à lui donner annuellement 19 bichets de grains, moitié froment et moitié avoine (1). — Loin d'être l'opulence, ce traitement devait être à peine suffisant pour empêcher le curé de mourir de faim ; et encore ces conditions pouvaient être modifiées et rendues plus difficiles, à la mort du curé ou à celle de l'abbé de Vézelay. Mais l'ordonnance de Louis XIV, datée du 29 janvier 1686, régla définitivement cette question en portant désormais la *portion congrue* des curés des paroisses rurales à 300 livres, à prendre sur les *dîmes grosses* (2) ecclésiastiques et subsidiairement sur les dîmes inféodées, avec jouissance exclusive des offrandes, honoraires, droits casuels et *dîmes novales* (3).

2. — *Les curés de Tharoiseau*

L'abbé Charles Teuchon qui, le premier, occupa le poste de Tharoiseau, était Picard d'origine ; il avait été ordonné prêtre le 18 décembre 1638. Lorsqu'il fut

(1) Arch. de Saône-et-Loire.

(2) Les *dîmes grosses* se percevaient sur le blé et le vin.

(3) Les *dîmes novales* étaient dues sur les terres nouvellement défrichées.

chargé de la nouvelle paroisse, il était âgé de 57 ans et faisait partie du clergé de l'église Saint–Pierre d'Avallon au moins depuis 1665 (1). L'un de ses frères, Antoine Teuchon, demeurait à Tharoiseau en 1638 et y remplissait les fonctions de procureur du juge dudit lieu quand sa fille Odette fut baptisée à Saint-Père (2).

L'organisation de la paroisse de Tharoiseau fut en grande partie l'œuvre de l'abbé Teuchon; et nous pouvons nous figurer ce que cette œuvre dut lui coûter de soucis et de peines. Il put craindre un instant, en 1681, que tous ses efforts allaient être en pure perte : le curé de Saint-Père réclama la réintégration de Tharoiseau dans sa paroisse, sous prétexte que la population de Tharoiseau était trop peu importante pour occuper un prêtre et que les revenus de cette paroisse nouvellement érigée pourraient être très utilement consacrés à l'entretien d'un vicaire à Saint-Père. Mais l'évêque d'Autun ne goûta nullement ces raisons et ne donna point suite à la proposition du curé de Saint-Père (3).

En même temps, l'abbé Teuchon travailla de toutes ses forces pour procurer le bien spirituel de ses ouailles; il eut à cœur l'instruction religieuse de son peuple, et particulièrement celle de la jeunesse : le procès-verbal de la visite de Tharoiseau en 1681, constate qu'il y a neuf vingts (180) communiants (4).

L'abbé Teuchon mourut le 6 février 1686 et fut in-

(1) Arch. d'Avallon, GG, 12, et Arch. de Saône-et-Loire.
(2) Mairie de Saint-Père, — état civil.
(3) Notice histor. sur Saint-Père, p. 165.
(4) Arch. de Saône-et-Loire.

humé le lendemain dans son église, près du maitre-
autel, comme en fait foi l'acte suivant : « Cejourd'huy
« unzième jour de febvrier mil six cents quatre vingts
« six, a esté enterré en l'esglise de Tairouseau, proche
« du grand autel, vénérable personne, messire
« Charles Teuchon, curé dud. lieu, lequel décéda
« hier matin, environ les dix heures, âgé de soixante
« et seize ans, ayant esté curé dud. lieu dix-huict
« ans, muni des sacremens de l'Esglise ; et ont assisté
« au convoy les curés soubzsignez et moy, curé de
« Saint-Pierre de Vézelay et archiprestre soubzsigné ;
« en présence de vénérable personne m^{re} Nicolas
« Teuchon, curé de Blannay, son frère ; de m^{re} An-
« thoine Teuchon, sergent royal demeurant à Aval-
« lon, son frère, et aultres (1). »

Le 22 février suivant, l'abbé JEAN CABAL, prêtre du
diocèse de Rhodez (2) *(sic)*, né à Villefranche-en-
Rouergue (3), fut nommé curé de Tharoiseau en vertu
d'un acte signé à Issoudun *(Exolduni)* par Mgr Fouquet, évêque d'Agde et abbé de Vézelay (4). Dès le
mois de mars, l'abbé Cabal alla à Issoudun faire
visite audit abbé (5). Dans la suite, il renouvela et
prolongea souvent ses absences, durant lesquelles le
service paroissial était assuré par les Cordeliers de
Vézelay (6).

Lorsqu'il visita la paroisse de Tharoiseau, en 1691,
l'archiprêtre de Vézelay, messire Pierre Bezave,
déclara dans son procès-verbal que le nombre des

(1) Mairie de Tharoiseau, — état civil.
(2) Archives de Saône-et-Loire.
(3) Mairie de Tharoiseau, — état civil.
(4, 5, 6) Arch. de Saône-et-Loire.

communiants n'était plus que de 145 (1). A la visite suivante, le curé, qui venait de rentrer dans sa paroisse après une absence de neuf mois (2), rendit compte de l'état religieux de son peuple; et à une question de l'archiprêtre touchant le saint Viatique, l'abbé Cabal répondit que, depuis le dernier passage de son supérieur, il n'avait pas administré le saint Viatique; mais il promettait de laisser, quand il le ferait, des hosties dans le tabernacle, suivant les prescriptions de Mgr l'évêque : pour comprendre le sens de ces paroles, il faut dire qu'alors les curés qui portaient la sainte communion aux malades, avaient l'habitude de prendre avec eux *toutes les hosties* dans le ciboire et de laisser le tabernacle ouvert (3). Le dernier acte signé Cabal est du 12 juin 1695 (4).

L'abbé Ficat figure comme curé, pour la première fois, dans les actes de Tharoiseau, le 24 août 1695; et, aussitôt, il part en voyage et ne revient qu'en février 1697 (5). Pendant son absence, l'archiprêtre visite la paroisse, et son procès-verbal ne contient que ces mots : « On n'a point trouvé de mémoire de « la part du curé qui est absent (6). » A partir de février 1697, l'abbé Ficat remplit son ministère; mais en juin 1699, il s'en va de nouveau, laissant aux Cordeliers de Vézelay le soin de son troupeau (7). Il

(1) Archives de Saône-et-Loire.
(2) Etat civil de Tharoiseau.
(3) Arch. de Saône-et-Loire.
(4) Mairie de Tharoiseau, — état civil.
(5) Mairie de Tharoiseau, — état civil.
(6) Arch. de Saône-et-Loire.
(7) Mairie de Tharoiseau, — état civil.

ne reparut pas à Tharoiseau où il fut remplacé, le 13
juillet 1700, par l'abbé Jean de Pérancy, âgé seulement de 24 ans (1) : Tharoiseau était sans doute son
premier poste ; il fut aussi son seul et dernier.

A peine installé, l'abbé de Pérancy donna tout
son cœur à sa petite paroisse, où tant de choses
étaient restées en souffrance depuis plusieurs années.
Convaincu d'abord que la propreté est le luxe des
pauvres, il tint à donner au moins ce luxe à son
église ; aussi, dans son procès-verbal de visite de 1703,
l'archiprêtre de Vézelay jugea-t-il à propos d'insérer
cette mention : « Son églize est propre, plus propre
« depuis qu'il est curé » (2). Cependant, des réparations
y étaient nécessaires, et le zélé pasteur sut les obtenir et les faire exécuter : ses paroissiens s'imposè-
rent ; l'abbé de Vézelay, comme gros décimateur,
fournit sa contribution (3); M. Fyot de Vaugimois ne
dut pas rester étranger à ces travaux dont une partie
était à sa charge, en qualité de seigneur du pays ; et,
en 1706, tout était terminé (4). En même temps qu'il
s'occupait de l'église matérielle et en administrait le
temporel avec un seul fabricien (5), (auparavant il y
en avait deux), l'abbé de Pérancy entourait de tous
ses soins les âmes qui lui étaient confiées : animé de
la foi la plus vive, il leur fit comprendre que la vie
spirituelle ne s'alimente et ne se soutient que par la
fréquentation des sacrements ; il fut leur guide par

(1) **Mairie de Tharoiseau,** — état civil.
(2) Archives de Saône-et-Loire.
(3) *Chronique de Vézelay,* p. l'abbé Martin, page 333.
(4) Arch. de Saône-et-Loire
(5) *Ibid.*

ses instructions et ses conseils, leur modèle par son amour de la prière et par sa vie exemplaire (1). Aussi, le lendemain de sa mort, quand ce bon pasteur fut enterré devant le maître-autel de sa chère église, le 30 décembre 1723, le curé de Saint-Père put-il faire de lui ce magnifique éloge : « Depuis qu'il « a pris possession de ladite église, il y a rempli les « fonctions curialles avec soin et avec ferveur, et « il a toujours faict l'édification de toute sa pa- « roisse (2). » — L'abbé Jean de Pérancy n'avait que 47 ans.

Le 12 juin suivant, l'abbé Bernard Baclez, bachelier en théologie et curé de Tharoiseau, paraissait pour la première fois (3). Sans retard, il s'appliqua à continuer l'œuvre de son vénéré prédécesseur, à qui il rendait un délicat hommage, le 3 décembre 1724, en faisant enterrer dans une place honorable de l'église une des pieuses chrétiennes formées par l'abbé de Pérancy, Jeanne Dangauthier, femme de Louis Lairot, laboureur, décédée avec tous les secours de la religion : « Elle s'est montrée, dit l'acte d'inhuma- « tion rédigé par le curé, une bonne et parfaite chré- « tienne par la fréquention des sacrements dont elle « s'approchait souvent, à l'édification de toute la « paroisse (4). »

L'abbé Baclez aimait sa paroisse et son église ; il aimait son ministère ; il aimait les offices célébrés avec

(1) Arch. de Saône-et-Loire. — « Il estoit fort reiglé dans sa « conduitte ».

(2) Mairie de Tharoiseau, — état civil.

(3) *Ibid.*

(4) *Ibid.*

toute la solennité possible. Et bien que, à cette époque, toute la population d'une paroisse prenait part au chant liturgique, le lutrin de Tharoiseau n'avait pas moins encore de six chantres, revêtus de surplis et de chappes aux jours de fêtes (1). L'abbé Baclez aimait aussi l'étude : en 1724, quand devint vacant le titre d'archiprêtre de Vézelay, qui conférait à peu près la dignité et les attributions de doyen de canton aujourd'hui, ce fut le curé de Tharoiseau qui l'obtint au concours, et désormais il signait tous ces actes : Baclez, curé de Tharoiseau, archiprêtre de Vézelay(2).

Le 18 mars 1725, il fit bénir la chapelle de Sainte-Anne que madame Anne-Philippine Fyot de Vaugimois de Vallon, dame de Tharoiseau, venait de faire construire dans l'église en l'honneur de sa patronne, pour remplacer l'autel latéral, placé sous le même vocable. Nous ne pouvons mieux rendre compte de cette cérémonie qu'en en reproduisant intégralement le procès-verbal : « Cejourd'huy dix huit mars mil « sept cent vingt cinq, environ l'heure de dix du « matin, nous, Léonard Champion, bachelier de Sor- « bonne, archiprêtre et curé d'Avallon, commissaire « en cette partie délégué par ordonnance de Monsei- « gneur l'illustrissime et révérandissime Evesque « d'Autun, en datte du douze février dernier, nous « étant rendu dans l'église paroissiale de Notre-Dame « de la Conception de Tharoiseau, diocèse dud. Autun, « après nous être revêtu d'habits sacerdotaux, en

____

(1) Mairie de Tharoiseau, — état civil. C'était : maistre J.-B. Moreau, recteur d'école ; Léonard Rousseau, laboureur ; Edme Rousseau l'aisné, vigneron ; Nicolas Defert, Edme Rousseau le jeune et Nicolas Lairot.

(2) Mairie de Tharoiseau, — état civil.

« présence de Mre Bernard Baclez, bachelier en théo-
« logie, archiprêtre de Vézelay, curé dud. Tharoiseau,
« et de Mre Louis Minard, prêtre, curé de Pontobert,
« touts deux revêtus de surplis, nous serions entrés,
« en présences d'un grand concours de peuple de
« l'un et l'autre sexe, dans une chapelle à main
« gauche du côté de l'Evangile, attenant le chœur
« de ladite église, sous le vocable de Sainte-Anne,
« nouvellement construite par la piété de dame
« Anne-Philippine de Vallon de Mimeurs, relicte de
« messire Anselme-Bernard Fyot de Vaugimois, dame
« de ce lieu de Tharoiseau, et accompagné des S^rs
« curés cy dessus nommés en acceptant la commis-
« sion à nous en cette partie donnée, avons fait les
« prières, aspersion d'eau bénite et bénédiction de
« lad° chapelle au dehors et au dedans d'icelle, pour
« l'effet de quoy nous avons observé touttes les céré-
« monies accoutumées, ensuite de quoy étant rentré
« avec lesd. Srs Baclez et Minard en lad° chapelle,
« nous, led. Champion y aurions célébré le saint
« sacrifice de la messe sur l'hotel qui y a esté nou-
« vellement construit et revêtu du marbre sacré, ayant
« aussi veü un ornement qui consiste dans une cha-
« suble de différentes couleurs avec l'étolle, mani-
« pulle et voile de calice, aube, amit et sceinture,
« comm' encore une chasuble de velours noir avec
« son assortiment, lesquels ornements sont destinés
« pour la célébration de la ste messe pendant le cours
« de l'année, dont et de tout ce que dessus nous
« avons dressé le présent (procès-) verbal, ensemble
« de tout ce qui s'y est trouvé, le tout pour servir et
« valoir ce qu'il appartiendra. En foy de quoy nous
« nous sommes soussigné avec lesd. Srs Baclez, Mi-

« nard, Nicolas Defer, chantre de lad. église, Léo-
« nard Rousseau, laboureur aud. lieu et chantre,
« Edme Rousseau, aussi chantre et vigneron aud.
« lieu, le surplus des habitants présents à lad. céré-
« monie ayant déclaré ne sçavoir escrire ny signer,
« de ce enquis et interpellé (1) ».

A la grande désolation de ses paroissiens, en décembre 1735, l'abbé Bernard Baclez quitta Tharoiseau
pour aller prendre possession d'un canonicat au Chapitre de Vézelay (2).

Le 27 du même mois, l'abbé CLAUDE MIROLIN passait
de la cure de Givry à celle de Tharoiseau, qu'il devait
occuper pendant 18 ans (3). Lui aussi, comme ses
deux prédécesseurs, se dévoua à sa paroisse. Il tenta
même d'améliorer la situation matérielle du curé ;
car, dans cette question, il s'agissait non seulement
de lui, mais encore de tous ses successeurs. La portion congrue de 300 livres qui lui était servie par
l'abbé de Vézelay, par le Chapitre d'Avallon et par le
seigneur à qui la dîme avait été inféodée en 1643,
était bien modique pour le faire vivre avec son vieux
père dans un petit village où les droits casuels, dîmes
vertes et dîmes novales, etc., étaient d'un produit
insignifiant ; et, en 1748, il contesta à l'abbaye de
Vézelay la possession des dîmes de vins dans les can-
tons de Chagniot et du Cul-de-Bœuf ; de là un procès
qui était encore pendant (4) en 1774 devant la
Chambre des Requêtes du Palais, et qui se termina

(1) Archives locales.
(2) Etat civil de Tharoiseau.
(3) *Ibid.*
(4) Arch. de l'Yonne, II, 2018.

par une sentence maintenant les droits de l'abbaye. L'abbé Mirolin, que la défense de ses prétentions a dû mettre dans de très grands embarras d'argent, n'entendit pas prononcer cette sentence, car il mourut le 12 avril 1754, âgé de 56 ans, après avoir reçu les derniers sacrements avec de profonds sentiments de piété, et, le lendemain, il fut enterré dans l'église, au pied du maître-autel, en présence de ses paroissiens, de ses confrères voisins, de son père, Lazare Mirolin, et de son frère, Jean-Baptiste (1), maître de musique à la collégiale Sainte-Marie-Madeleine de Vézelay (2).

Son successeur, l'abbé DOMINIQUE PETITIER DE CHAUMAIL, ne fut installé que le 4 août suivant, « le jour de son patron, Saint-Dominique (3), » comme il le notait lui-même (4). Il était né à Corbigny, le 10 mars 1722 (5); il avait donc 32 ans quand il fut nommé à la cure de Tharoiseau. — Dès le jour de son installation, M. Petitier se mit, sans arrêt et sans trêve, par ses instructions et par ses exemples plus éloquents encore, à façonner selon sa robuste piété les âmes de ses paroissiens; il s'intéressa non seulement à leur bien spirituel, mais aussi à tout ce qui touchait

(1) Mairie de Tharoiseau, — état civil.

(2) Arch. de l'Yonne, G, 2155, — « Mre Mirolin puisné est « venu de Vézelay en nostre esglise (Saint-Lazare), où il a chanté « et touché de l'orgue pendant plusieurs jours, et a reçu 50 » sous. (Fonds du Ch. d'Avallon).

(3) Mairie de Tharoiseau, — état civil.

(4) Il ajoutait : « Il paraît, par certain papier de procédure, « entre M. Charles Teuchon et messire Gourlet, curé de Saint-« Père, que Taroiseau était titré du nom de cure avant m^{re} Ch. « Teuchon. » — Nous n'avons rien trouvé de semblable.

(5) Arch. de l'Yonne, Dossiers de la Révolution, Administration cantonale de Vézelay·

à leur situation matérielle ; et, dans la suite de notre récit, nous aurons plus d'une fois l'occasion de citer les remarques qu'il a laissées sur les évènements, les saisons, les orages, l'état des récoltes à Tharoiseau. Nous croyons même qu'il s'occupait un peu de médecine et qu'il faisait profiter ses paroissiens de ses connaissances en cette matière. Aussi saisissait-on toutes les occasions pour lui témoigner reconnaissance et sympathie : M. Petitier dut être ému en voyant la part que les habitants de Tharoiseau prirent à son deuil, lorsque son frère, M. François Petitier de Chaumail, avocat à la Cour, mourut au presbytère, le 28 mai 1763 (1). Possesseur d'une modeste fortune, il la consacra à secourir discrètement les pauvres et tous ceux qui, victimes d'épreuves imméritées, se trouvaient dans le besoin. L'un de ses paroissiens, sur le point d'être saisi parce qu'il ne pouvait payer une dette contractée envers l'hôpital de Vézelay, vit tout à coup cesser les poursuites exercées contre lui; sa dette même fut réglée intégralement, principal et intérêts arriérés : quel généreux bienfaiteur était ainsi, sans rien dire, venu à son aide? Nul ne le saurait si les administrateurs dudit hôpital n'avaient pas, dans une de leurs délibérations, consigné cette note : « on dit que sa dette a été remboursée par le Sᵣ curé de Tharoiseau. (2). » Il était, en effet d'une charité inépuisable ; et il exaltait cette vertu, marque distinctive de son propre caractère, quand il la rencontrait dans une autre âme. Ainsi, le 24 décembre 1776, à la suite de l'acte d'inhumation

(1) Mairie de Tharoiseau, — état civil.

(2) Archives de l'hôpital de Vézelay.

dans l'église (1) de Marguerite Renaud, femme de
Charles Dubois, âgée de 70 ans, décédée munie des
sacrements, il ajoutait cette mention : « Elle a tou-
« jours vécu dans la plus grande piété et a exercé
« une très grande charité envers les pauvres. »

L'abbé Dominique Petitier vit venir la Révolution ;
il vit, durant ces jours néfastes, les ruines s'amonce-
ler dans sa paroisse ; il vit disparaître les droits et
les biens qu'y possédait la Commanderie de Pontaubert (2) ; il vit devenir biens nationaux les terres et
vignes de Chagniot et du Cul-de-Bœuf appartenant à
l'église de Vézelay (3) ; il vit mettre le sequestre sur
4 ouvrées de vignes que les Minimes d'Avallon
avaient sur Tharoiseau (4) ; il vit piller le château de

(1) Ce fut le dernier enterrement dans l'église ; à partir du
commencement de 1777, toutes les inhumations, sans exception, se firent dans le cimetière.

(2) Voici, d'après un état de 1638 (Arch. de l'Yonne, H,
2250 et 2252) les possessions de la Commanderie de Pontaubert
sur Tharoiseau ; « Une maison, dite la Cordoillette, occupée par
« Edme Dangauthier, à 10 sous de cens ; — une maison occu-
« pée par Jean Bourgeois, thissier en thoille, à 2 sous de cens ;
« — une maison *aux faux bourgs* de Tharoiseau, occupée par
« Pierrette Pumeau, veuve de Barthélemy Guyon, aussy à 2
« sous de cens ; — une autre maison, audessus de la Fontaine,
« occupée par Léonard Chapelain, maréchal, à 4 sous de cens ;
« — une autre maison encore, proche la Porte-Jehan-Colas,
« occupée par Léonard Dangauthier, vigneron, à 4 deniers de
« cens ; — la moitié d'une grange dont jouit Sébastienne Du-
« boys, veuve de Lazare Gouard, ladite grange indivise avec
« Léonard Chapelain, sur laquelle il est dû 2 sous de cens ;
« douze journaux de terre en Laumerot, à 4 deniers de cens par
« journal ; une demie ouvrée de vignes, lieu dit en Four, cul-
« tivée par Pierre Pannas, qui en rend 1 denier de cens ; —
« neuf journaulx de terres appelés le Champ de l'Hospital ; —
« et neuf autres journaulx de terres en Appranatz. »

(3) Mairie de Vézelay, inventaire A.

(4) Archives de l'Yonne, H, 2409.

de Tharoiseau et emmener M. d'Assay en prison,
comme un criminel (1) ; il vit saisir les maigres ressources de la fabrique de Tharoiseau, consistant dans
les fondations que nous avons mentionnées à propos
de l'organisation de la paroisse, et dans les héritages
laissés depuis par testament, notamment par Morlet
et Chapelain (2) ; il vit son presbytère vendu comme
propriété de la Nation (3) ; il vit sa pauvre et chère
église fermée et le culte interdit. Oui, M. Petitier fut
témoin de tous ces désastres, car il resta à Tharoiseau : trompé dans sa bonne foi, il avait prêté le
serment civil et le serment de liberté (4), croyant
sincèrement ne remplir qu'une pure formalité qui
n'engageait en rien sa conscience et qui lui assurait
l'exercice de son ministère dans sa paroisse. Cependant, quand les prêtres étaient proscrits et traqués
de toutes parts comme des fauves, quand le danger
devenait plus grand, le pasteur était obligé quelque-

(1) Généalogie de la maison de Stutt, p. 80.

(2) Archives de l'Yonne, G, 2512.

(3) Le presbytère de Tharoiseau et le jardin qui en dépendait
furent achetés le 20 thermidor an IV (7 août 1796), par Georges
Defert, demeurant à Tharoiseau ; mais, dans la circonstance,
Georges Defert agissait pour la presque unanimité des habitants
qui s'étaient cotisés afin de faire l'acquisition de ces immeubles :
ce fut au nom du dit G. Defert que l'acte fut passé ; ce fut lui
qui effectua les paiements et en retira les quittances, Seulement,
au dos de l'acte, il écrivit que ces biens ne lui appartenaient
pas, que ni lui ni sa famille n'y avaient droit, et que ladite
« maison curialle » et ses dépendances avec le jardin, étaient
destinés au prêtre de la paroisse ; et, au moment où le culte fut
rétabli, le 30 fructidor an X (16 septembre 1802), il remit ce
titre à M. d'Assay, maire de Tharoiseau. (Archives locales.)

(4) L'abbé Bonneau, *Notes pour l'hist. du clergé de l'Yonne
pendant la Révolution*, p. 116.

fois de fuir et de se cacher : il trouvait alors, avec
d'autres prêtres, un asile auprès de sa sœur, la com-
tesse de Lautreville, dont la demeure seigneuriale
était dans la paroisse de Saint-Germain-des-Champs ;
mais, bientôt, oubliant pour ainsi dire ses 75 ans, il
revenait réconforter ses ouailles, leur prêcher Jésus-
Christ et administrer les sacrements jusque dans
les paroisses voisines (1), recevant de ses paroissiens
une hospitalité courageuse, empressée , mais non
exempte de périls : plusieurs fois, dans la crainte
des gendarmes, qui alors ne poursuivaient et n'arrê-
taient que les gens de bien, il fut caché, à Tharoiseau,
sous des cuves.

A la fin pourtant, la tempête s'apaisa et l'ordre se
rétablit ; et M. Petitier rentra dans son église et dans
son presbytère, entouré de la considération de tous,
et auréolé par sa charité et son dévouement. Il avait
81 ans ; mais, pour lui, le temps du repos n'était pas
encore venu : il reprit avec courage sa besogne pas-
torale, non pas interrompue, mais entravée par la
Révolution. Si ses forces avaient diminué, son ardeur
et son zèle n'avaient pas faibli, son cœur n'avait pas
vieilli. Ce fut vers 1805 qu'il discerna, parmi les
enfants de sa paroisse, l'âme pure et candide du
jeune Jean-Bernard Rousseau (2), fils d'un tailleur
de pierres plus riche des dons de la foi que des biens
de la fortune : le bon curé dirigea les premiers pas
de l'enfant dans la vie chrétienne, il l'entoura de son
affection, et entreprit de former son intelligence en

(1) Plusieurs actes des registres de Saint-Père pendant la
Révolution sont signés de lui.

(2) Jean-Bernard était né le 22 mars 1797,

lui donnant des leçons (1) : c'est à cette œuvre si belle que le vieillard, presque nonagénaire, consacra tous les instants de liberté que lui laissait son ministère. Le 19 avril 1811, M. Petitier s'éteignit doucement, comblé de jours et de mérites, après avoir administré sa paroisse pendant 57 ans ; et le lendemain, au milieu des larmes de son peuple tout entier, il fut enterré au pied de la grande croix du cimetière (2).

La paroisse de Tharoiseau fut ensuite desservie par le curé d'Island, M. l'abbé Blandin, jusqu'en novembre 1816 (3).

M. Nicolas-Léonard Martin, nommé au poste de Tharoiseau, le 1er décembre 1816, fut désigné pour le doyenné de Vézelay, le 1er juin 1817 (4) ; le dernier acte qu'il signa à Tharoiseau est du 12 juin (5),

M. l'abbé Forestier, curé de Saint-Père, fut en même temps chargé de Tharoiseau jusqu'au 1er octobre 1818 (6).

M. l'abbé Pierre Darcy (7) prit possession de son

---

(1) Les leçons de M. Petitier ne furent pas perdues, car J.-Bernard Rousseau est entré chez les Frères des Écoles chrétiennes ; il portait en religion le nom de Frère Scubilion. Il est mort en odeur de sainteté à l'île de la Réunion, le 13 avril 1867. Sa vie a été écrite par M. L'ABBÉ CHASSAGNON. — *Procure générale des Frères*, PARIS, *1902*.

(2) Registres paroissiaux de Tharoiseau.

(3) *Ibid.*, — Le dernier acte qu'il a signé est du 29 novembre 1816.

(4) *Chronique de Vézelay*, par N.-L. MARTIN, p. 333.

(5) Registres paroissiaux.

(6) *Ibid*.

(7) La biographie de ce saint prêtre, écrite avec autant de cœur que de talent par un de ses anciens vicaires à Saint-Lazare d'Avallon, doit sûrement se trouver entre les mains des habitants de Tharoiseau.

poste à Tharoiseau, le 4 octobre 1818 ; il y resta jusqu'en 1840 (1).

Son successeur fut M. l'abbé Poyard, de 1840 à 1852 (2).

Il fut remplacé par M. l'abbé Jacques Barré, de 1852 à 1871 (3).

M. l'abbé Auguste Houssin vint ensuite et fut curé de Tharoiseau de 1871 à 1879 (4).

M. l'abbé Charles Perdrix, curé jusqu'à ce jour, prit possession le 10 août 1879 (5).

3. — *L'Instruction populaire*

Après l'institution de la paroisse de Tharoiseau, en 1669, l'archiprêtre de Vézelay, dans le procès-verbal de sa première visite du 11 novembre 1671, déclare que « Guillaume Pannas, maistre d'escolle, « prête serment entre ses mains, promectant de con- « tinuer à instruire la jeunesse dudict Taroiseau, et « à leur apprendre le catéchisme suivant qu'il est « requist à un maistre d'escolle (6) » ; et ce document ajoute que l'école existe dès l'origine de la paroisse.

Elle remonte même à une date beaucoup plus reculée, car les registres des Jours de justice tenus à Tharoiseau en 1513 nous ont déjà révélé, dans ce

(1) Registres paroissiaux.

(2) *Ibid.*

(3) *Ibid.*

(4) *Ibid.*

(5) *Ibid.*

(6) Arch. de Saône-et-Loire.

hameau de Saint-Père, la présence d'un « magister
« tenant l'escolle », à qui certains gens d'armes, dits
Pyotons, auraient volé des écuelles d'étain (1).

C'est que, de tout temps, l'Eglise qui, lors de l'in-
sion des Barbares, avait sauvé les trésors de la littéra-
rature et de la science antiques, s'était efforcée de
partager entre tous ses enfants ces richesses de l'esprit
humain. Au sixième siècle, Avallon avait son école
publique ; en 787, l'évêque d'Orléans, rappelant un
canon du Concile de Vaison, avait ordonné aux curés
de fonder dans les bourgs et dans les villages des
écoles pour instruire les enfants pauvres ; en 1179,
le Concile de Latran avait publié un décret dans le
même sens ; et, à plusieurs reprises, les évêques
d'Autun avaient rendu des ordonnances dont l'objet
était également l'instruction des enfants du peuple.
— L'exemple de Tharoiseau prouve qu'ils avaient
été compris.

Et depuis que ce pays est devenu paroisse, il eut
presque sans interruption ses maîtres ou recteurs
d'école : grâce aux registres paroissiaux (2), nous
pouvons donner la liste complète de ces hommes de
dévouement qui se sont consacrés à la tâche souvent
difficile d'instruire la jeunesse.

Dès le mois de janvier 1672, Guillaume Pannas
avait un successeur dans la personne de « maistre
« Germain Nardot, recteur des escolles de ce lieu »
de Tharoiseau : et son nom se retrouve jusqu'en
1718 ; il a donc dirigé son école pendant 46 ans.

Il semble qu'après G. Nardot, le poste soit demeuré

(1) Arch de l'Yonne, G, 2229.
(2) Devenus l'état civil d'avant la Révolution.

vacant pendant une dizaine d'années; du moins nous ne trouvons plus de recteur avant 1728. Alors paraît « maistre Jean-Baptiste Moreau », dont le nom figure dans les actes jusqu'en 1730.

Son successeur, Simon Boisseau, est le fils du recteur de Fresnes (1); le 17 septembre 1731, il épouse Brigitte Lairot, de Tharoiseau ; et il donne ses leçons aux enfants du pays jusqu'en 1747.

Après lui, J. Collin remplit les mêmes fonctions jusqu'en 1750.

En 1751, Antoine Lairot prend le titre de « directeur des écolles de Taroiseau ». Devenu veuf de Michelle Tribouillard, il épouse, le 8 janvier 1760, Marguerite Delume, de Tharoiseau. Son curé, l'abbé Petitier, qui admirait son zèle, était si profondément convaincu du bien que de tels maîtres pouvaient faire, qu'il signa avec enthousiasme une fort belle lettre adressée, en 1769, par les curés de l'archiprêtré de Vézelay à l'évèque d'Autun pour le supplier d'user de son grand crédit auprès du roi en vue d'obtenir toute facilité pour la création d'écoles dans chacune des paroisses du diocèse et même de la France (2). A l'époque de la Révolution, Antoine Lairot était toujours à la tète de son école ; il était alors très âgé ; et, comme le démontre son écriture, sa main était devenue bien tremblante. Mais il se faisait aider par sa fille, Michelle (3).

(1) Fresnes, commune du canton de Noyers (Yonne).

(2) Recherches historiques sur Asquins.

(3) Michelle Lairot était née le 26 décembre 1757, du premier mariage d'Antoine Lairot. (Etat civil de Tharoiseau, d'où sont puisés tous ces renseignements sur les recteurs d'école dudit lieu.)

Nous savons que, vers le milieu du dix-huitième siècle, l'évêque d'Autun avait fixé la rétribution scolaire
à 5 sous par mois pour tout enfant qui apprenait à
lire, à 10 sous pour ceux qui apprenaient à lire, à
écrire et à compter, et à 15 sous pour ceux qui, de
plus, étudiaient le chant et la lecture des manuscrits;
mais nous savons aussi que, dans ce même règlement,
il recommandait aux maîtres d'instruire pareillement
les enfants pauvres et de les traiter avec la même
bienveillance que les enfants des familles aisées. Tout
cela pourtant ne devait pas assurer de bien gros
émoluments au recteur d'école de Tharoiseau. Mais
la paroisse avait-elle des ressources affectées aux
gages (on dirait aujourd'hui *au traitement*) du recteur? ou bien la communauté des habitants s'imposait-
elle pour cet objet? Rien ne nous l'a appris. — Ce
qui est certain pourtant, c'est que la situation des
maîtres dans ce petit village ne devait pas être pré-
caire, puisque nous avons vu Antoine Lairot rester à
ce poste et remplir ses fonctions pendant au moins
48 ans, — et précédemment, Germain Nardot, pendant 46 ans.

Et encore, dans quel local les enfants de Tharoiseau
recevaient-ils les leçons de leurs maîtres? Nous l'ignorons. — Quand les habitants achetèrent le presbytère, en 1673, c'était, disaient-ils, pour loger le curé
et le recteur d'école; mais y avait-là une salle où les
enfants pouvaient être réunis? le presbytère fut-il
même longtemps la demeure commune du curé et
du recteur? Encore une fois, pas le moindre document qui nous permette de répondre à ces questions.

Assurément, le programme de l'instruction donnée
autrefois dans nos modestes écoles paroissiales était

6

moins étendu que celui des écoles de nos jours : on se contentait alors d'apprendre aux enfants à lire, à écrire et à compter, sans éparpiller leur attention sur des questions étrangères à leur condition et à leur vie ; et l'on était persuadé que l'expérience leur ferait tirer un excellent parti de ces connaissances élémentaires, mais en même temps éminemment pratiques. C'est cette instruction, en effet, qui a formé les générations si sages, si courageuses, si laborieuses du passé. — On enseignait aussi dans les écoles la religion et le catéchisme ; et nous avons vu le recteur promettre de donner ces leçons à ses élèves. Aujourd'hui, on a changé tout cela ; on a agrandi les programmes, ce dont on ne peut que se féliciter, mais on a supprimé tout ce qui pouvait assurer la formation religieuse et morale de l'enfance : reste à savoir si ces suppressions ont contribué au plus grand bien de l'enfance, de la jeunesse, des familles et du pays.

Au cours de nos recherches, nous avons voulu nous assurer du degré d'instruction obtenu par ces anciennes méthodes ; nous avons pris la peine de compter dans les registres de l'état civil de Tharoiseau les signatures apposées aux actes de mariage durant la première moitié du dix-huitième siècle ; et voici quelques-uns des chiffres relevés : sur un acte du 21 novembre 1701, 9 signatures ; sur un acte de 1709, 9 signatures ; 14, sur un acte du 26 avril 1718 ; 20, en avril 1720 ; 14, le 1er février 1723 ; 18, le 17 février 1727 ; 13, le 14 janvier 1729 ; 20, sur un acte de 1740 ; 17, le 8 janvier 1754, etc. ; et la plupart de ces signatures révèlent une véritable habitude de la plume : ce qui prouve évidemment que nos pères

n'étaient pas indistinctement des illettrés et des igno-
rants.

Quant aux résultats de l'instruction religieuse et de
l'éducation chrétienne qui se donnaient partout, à
l'église, dans les familles et à l'école, nous avons un
moyen bien simple de les juger : rappelons-nous ce
que nous avons vu et rapprochons-le de ce que nous
voyons ; ou encore écoutons les plaintes des gens
d'un certain âge, quand ils comparent l'enfance et la
jeunesse d'aujourd'hui avec l'enfance et la jeunesse
d'autrefois?

Ce fut vers 1790 que, affaibli par les ans, Antoine
Lairot, « directeur des écolles de Tharoiseau, » cessa
d'instruire les enfants du pays. Il eut pour successeur
Claude Gerbeau, qui exerça pendant deux ou trois
ans, jusqu'à sa mort, à l'âge de trente-trois ans (1).

Il ne fut pas remplacé : ici, comme partout, l'école
disparut. On dirait que les hommes de la Révolution
ont tenu à adopter et à réaliser la stupide parole de
l'un d'eux, Fouquier-Tinville : « La République n'a
pas besoin de savants (2) ».

Pour Tharoiseau, cette situation se prolongea jusqu'en 1807. Et ainsi, pendant une quinzaine d'années,
l'enfance grandit dans l'ignorance, ne recevant des

(1) Renseignement fourni par M. D. Gerbeau, actuellement
en retraite.

(2) Cette parole fut prononcée devant le tribunal révolution-
naire, le 4 mai 1794, lorsque Lavoisier, l'un des hommes dont
la France s'honore à juste titre, condamné à mort sous prétexte
de conspiration, sollicita inutilement un délai de quelques jours
pour terminer une expérience scientifique qui devait être salu-
taire à l'humanité. — AMÉDÉE GABOURD, *Histoire de France,*
t. XIX, p. 195, et MICHAUD, *Biographie universelle,* tome XXIII,
page 417, à l'article LAVOISIER.

parents que quelques conseils pratiques, ou de ses aînés de rares leçons qui avaient bien vite atteint les limites de leur science.

En 1807, Edme Gerbeau, oncle du précédent, rouvrit l'école de Tharoiseau, qu'il dirigea jusqu'en 1834; ce fut lui qui, vers 1816, organisa ici l'enseignement primaire, et fixa la durée des classes qui, ensuite, eurent lieu très régulièrement : il eut pour auxiliaire le jeune Bernard Rousseau, dont nous avons déjà parlé, jusqu'au jour où ce dernier partit pour le noviciat des Frères.

Lazare-Edme Gerbeau, fils d'Edme ci-dessus, lui succéda et tint l'école de 1831 à 1873, — 42 ans de service.

Puis vint Denis Gerbeau, fils du précédent; il était instituteur à Saint-Père quand il fut appelé à Tharoiseau, où il resta jusqu'en 1889 : il y est actuellement retraité, après avoir, pendant 42 ans, comme son père, enseigné dans différents postes (1).

Les habitants de Tharoiseau ont eu depuis, comme instituteurs, M. Voisinot, puis M. Ramon, ensuite M. Rocher, et M. Bourgoin, actuellement en exercice (1909).

En 1855, une école libre, pour les filles, avait été fondée par la généreuse famille d'Assay (2) dont les bienfaits sont redits avec reconnaissance par toute la population du pays. Cette école a été de tout temps dirigée par les Religieuses de la Providence de Sens, jusqu'au jour où, sous notre régime de

(1) Renseignements dus à l'obligeance de M. D. Gerbeau.

(2) C'est le 27 septembre 1855 que Mlle Angélique d'Assay fit cette fondation; l'école fut ouverte le 1er novembre suivant.

liberté, en mai 1903, elle a été fermée, en vertu des lois très libérales qui nous régissent : elle donnait aux jeunes filles de Tharoiseau une éducation chrétienne, et... elle ne coûtait rien, — c'était grave ; ce qui était bien plus dangereux encore, c'est qu'elle était dirigée par deux vieilles religieuses.

III

LE VILLAGE

1. — Son territoire et son sol

Après avoir appartenu à la province de Bourgogne (1), bailliage, recette et grenier à sel d'Avallon, Tharoiseau a fait partie, pendant la Révolution et jusqu'à l'an IX, du district d'Avallon et du canton de Vézelay et, depuis l'an IX, il est le chef-lieu d'une commune du département de l'Yonne, arrondissement d'Avallon, canton de Vézelay (2).

Son territoire, de la contenance de 343 hectares (3), est limité par les communes de Domecy-sur-le-Vault, Island, Menades et Saint-Père; il est à cheval sur une colline qui atteint, à la Croix de la Montjoie, 167 mètres au-dessus du niveau de la Cure à Saint-Père, ou 320 mètres au-dessus du niveau de la mer, et dont les versants sont tributaires, au Nord, du Cousain, et au Midi, de la Cure.

Le sol de cette petite commune, tout entier de formation jurassique, mérite d'être étudié un instant dans sa constitution, à cause des différentes cultures qu'il comporte.

Disons d'abord que, entre la Cure et Tharoiseau, se trouve le climat de Saint-Père appelé les Montots,

---

(1) De ce côté, la Cure servait de limite à la Bourgogne.

(2) M. Ch. Porée, *Formation du département de l'Yonne*, p. 180 et 181.

(3) Alp. Dorlhac de Borne, *Géographie du département de l'Yonne*, p. 213.

où l'on voit dans une carrière ouverte au bord de la route de Quarré-les-Tombes, les grès du *lias*. Or, ces grès supportent le *lias* proprement dit, puis les *argiles supraliasiques,* formant une masse de 60 à 80 mètres d'épaisseur, séparées en deux parties à peu près égales par des bancs de calcaires ferrugineux qui doivent exister du côté des prés d'Esmont (1) et qui sont très riches en fossiles, telles que les larges coquilles appelées *gryphées cymbium* et les *bélemnites*, vulgairement nommées ici des *doigts de diable* (2). — Ces argiles occupent la plus grande partie du territoire de Tharoiseau, environ 200 hectares.

Au-dessus, viennent les *terrains oolithiques,* dont l'étage inférieur est composé d'un calcaire gris, très dur, difficile à travailler et gelant assez facilement ; cette pierre à cassure brillante et lamelleuse, qui se présente par bancs assez minces, est le *calcaire à entroques :* l'ensemble des bancs du calcaire à entroques qui peut atteindre de 25 à 30 mètres d'épaisseur, fournit d'excellents matériaux de construction. C'est dans cette formation, à 5 ou 600 mètres au nord-ouest du village, lieu dit, d'après Belgrand (3), *le Chapeau du promontoire,* qu'existent deux vastes carrières, qui ont pu donner la pierre employée dans la construction primitive de l'église de Vézelay pour former ces arcs régulièrement espacés qui, correspondant à chaque pilier, traversent la voûte de la nef et pro-

(1) Ou plutôt, à notre avis, *les prés des Monts*.

(2) Ces fossiles sont en très grand nombre dans le climat indiqué ; il est probable qu'en cet endroit les bancs de calcaire sont cachés par les argiles qui ont glissé sur les pentes.

(3) *Statistique géol. et agron. de l'arrondissement d'Avallon,* p. 43.

duisent par leur couleur brune un heureux contraste
avec les pierres pl us blanches du reste de l'édifice :
c'est du moins une pierre identique qui a été utilisée (1). — Le mode d'exploitation à ciel ouvert de
ces carrières a dû causer parfois des accidents, comme
celui que mentionnent les registres de l'état civil, sous
la date du 1er décembre 1780 : Hugues Bazarne, âgé
de 32 ans, fils d'Etienne Bazarne, laboureur à la métairie du Saulce, est tombé dans l'une d'elles et s'est
tué ; son *cadavre trouvé mort (sic)* a été relevé par la
justice de Tharoiseau et enterré, conformément à
l'ordonnance du juge (2).

Au-dessus encore du calcaire dans lequel sont
exploitées ces carrières, se rencontre la *terre à foulon,*
formée de calcaires mous, argileux, à minces assises,
alternant avec des argiles maigres, d'environ 30
mètres d'épaisseur. Vient ensuite la *grande oolithe ;*
mais, comme elle commence à la Croix de la Montjoie
et s'étend de là jusqu'à Saint-Moré, elle n'existe pas
sur la commune de Tharoiseau.

Tous ces terrains, oolithiques et supraliasiques qui
se trouvent sur Tharoiseau, ainsi que la place qu'ils
occupent, sont figurés sur le croquis ci-joint, dans
lequel on voudra bien ne pas chercher un plan d'une
précision rigoureusement mathématique : les terrains
oolithiques sont indiqués par un pointillé, et les ar-

(1) V. Petit, *Villes et Campagnes de l'Yonne,* p. 325 et 326.

(2) « Par ordonnance de M. le juge de Tharoizeau rendue
« cejourd'huy 1er décembre 1780, M. le Curé de Tharoiseau est
« invité d'inhumer un cadavre trouvé mort et par nous relevé
« dans la Perrière ou carrière de Tharoizeau, paroisse dud. lieu.
» Par ordonnance.

  « Pichenot, greffier. » (Mairie de Tharoiseau).

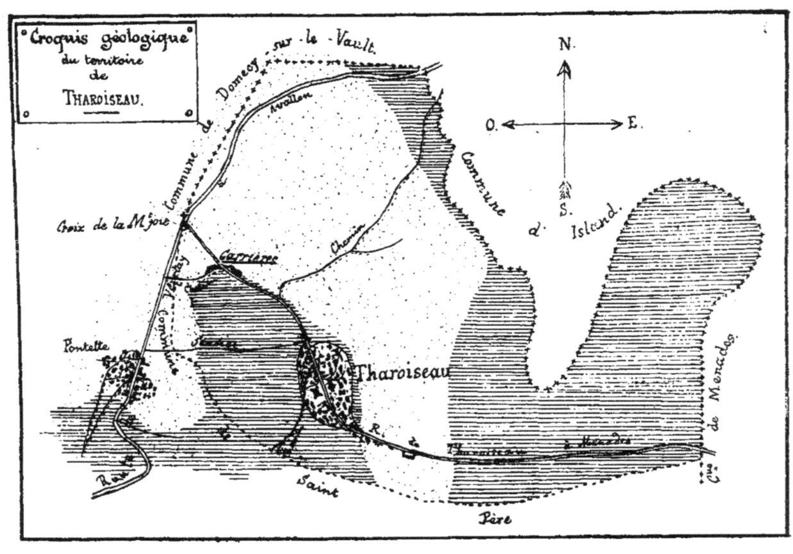

Croquis géologique
du territoire
de
THAROISEAU.
Domecy - sur - le - Vault.
Avollon
Commune de
N.
O.
E.
S.
Commune d' Island.
Croix de la M.joie
Commune de Vézelay
Carrières
Chenue
Pontette
Fuchre
Tharoiseau
Pau
R.
Tharoiseau
e Menades
Cne de Menades
Saint
Père

giles supraliasiques par des traits qui vont de l'ouest à l'est.

Les terrains oolithiques qui forment environ 145 hectares, c'est-à-dire le reste du territoire de Tharoiseau, sont légers, faciles à cultiver, assez fertiles quand ils ont de la profondeur; les prairies artificielles s'y plaisent; le sainfoin principalement y réussit à merveille; seulement les céréales n'y donnent, même dans les meilleures conditions, que des récoltes médiocres, si on les compare à celles que l'on obtient dans les terres du lias. Le meilleur produit de ces terrains serait le bois.

Quant aux argiles supraliasiques, ce sont des terres fortes, froides, qui demandent de fréquents labours : elles se trouveraient bien d'amendements calcaires, si l'on avait plus commodément de la chaux à leur procurer. Elles donnent de bonnes récoltes en céréales, et pourtant les avoines n'y réussissent pas très bien, la luzerne s'y plait, mais le sainfoin y pousse à regret. Sur les coteaux bien exposés, on cultive la vigne qui produit des vins rouges ayant un goût tout particulier de terroir, et des vins blancs plus francs. A l'est du village, terres à chenevières.

Notons aussi que ces argiles supraliasiques, à leur contact avec les calcaires oolithiques, supportent la plus riche nappe d'eau qui existe dans tout l'arrondissement d'Avallon : cette nappe d'eau affleure à Tharoiseau même et donne la fontaine qui alimente le pays et ne tarit jamais; grâce à la même nappe, Tharoiseau possède en côtes une trentaine d'hectares d'excellentes prairies naturelles; au sud-est, elle donne aussi naissance au *ru de Crisenet;* elle produit encore la petite *source du Bion,* dans les prés du même nom, entre Fontette et Nanchèvre, et qui suinte plus ou moins abondamment en toutes saisons ; c'est d'elle enfin que sort la fontaine de Nanchèvre, origine du petit ruisseau du même nom qui va se perdre dans la Cure, après avoir arrosé les prés qui s'étendent sur la rive droite de cette rivière, presque en face d'Asquins.

2. — *Les saisons et les récoltes*

Les renseignements que nous possédons sur cette question sont puisés à différentes sources ; ils ne remontent pas à une époque très reculée et laissent entre eux de nombreuses lacunes. Nous les donnons cependant tels qu'ils ont été rassemblés, à cause de l'intérêt qu'ils peuvent présenter à plusieurs points de vue.

En 1472, le bichet de froment se vendait 5 sous 10 deniers. (1)

En 1511, la récolte fut sans doute assez abondante, car les habitants de Tharoiseau firent présent à leur juge, Pierre Blanche, d'un demi-muid d'avoine (2).

D'après le compte de la dîme perçue en 1552 par le Chapitre d'Avallon (nous savons que sur les grains elle était au quinzième), on peut évaluer la récolte de Tharoiseau cette année-là, en blé, à 1680 boisseaux, — et en avoine à la même quantité (3).

La dîme du vin, en 1580, produisit 8 écus ou 24

(1) Arch. de l'Yonne, G, 2209·
(2) *Ibid.*, G, 2160
(3) *Ibid.*, G, 2170.

livres, qui représenteraient aujourd'hui la somme de 264 francs; et comme cette dîme se percevait au vingtième, la récolte totale du vin aurait donc valu, en notre monnaie actuelle, à peu près 5.380 francs (1).

Elle fut plus abondante encore en 1596, au lendemain des guerres de la Ligue, puisqu'à cette date elle fut vendue 63 livres, correspondant à 630 francs de nos jours, ce qui annonce une récolte de vin valant 12.600 francs au cours actuel de l'argent (2).

En 1608, « les vignes furent gelées en bois et les « noyers aussy; il fit de très grandes froidures (3) ».

Du 2 décembre 1676 au 15 janvier 1677, « il tomba » une si grande quantité de neige qu'il y en avait par- « tout plus haut que le genou : il mourut quantité « de gibier et de bêtes fauves (4).

En 1693, les campagnes de Tharoiseau, Island, Pontaubert, etc., sont ravagées par la grêle le 12 et le 14 juillet : des chanoines d'Avallon accompagnent les prud'hommes chargés d'évaluer les dégâts causés par ces désastres en vue de demander aux Elus une remise d'impôts (5).

Fin de juin 1697, pluies continuelles : tous les foins furent perdus (6).

(1) Archives de l'Yonne, G, 2190.
(2) *Ibid.*, G, 2092.
(3) *Invent. somm. des Arch. de l'Yonne,* supplément E, GG, p. 215.
(4) *Invent. somm. des Arch. de l'Yonne,* supplément, E, GG, p. 166. — Notons aussi qu'en 1626, le blé avait valu à Avallon, 6 à 7 livres le bichet, c'est-à-dire de 48 à 54 francs de nos jours, ce qui le mettait à 55 ou 59 francs l'hectolitre. (*Ibid.* p. 216.)
(5) Arch. de l'Yonne, G, 2026.
(6) *Invent. somm. des Arch. de l'Yonne,* supplément, E, GG, p. 166.

9 avril 1702, les vignes furent gelées partout (1).

Janvier 1709 : « Les gelées furent excessives ; « les noyers furent perdus ; les blés et les vignes « gelés ; on ne souvient point qu'il se soit fait depuis « cent ans un hyver aussi rude ; puis la famine fut « terrible : on ne mangeoit que de l'orge et de l'a- « voine à un prix très grand ; l'avoine valoit 15 à « 16 livres le bichet, et le vin 15 sous la pinte. « L'année suivante fut très abondante (2). »

1714, mortalité générale des bêtes à cornes dans toute l'Europe (3).

En 1716, la neige dura tout le mois de janvier ; le 21, les vignes furent gelées (4).

1718, année de très grande sécheresse : il ne tomba point de pluie du 24 juin au 18 octobre (5).

En 1719, il y eut encore de plus grandes chaleurs que l'année précédente : il ne tomba pas de pluie depuis le commencement de juin jusqu'à la fin de septembre ; il y eut ensuite grande disette de fourrage, d'orge et d'avoine, et on récolta peu de blé (6).

1739-1740, le froid et les gelées commencèrent dès le mois de novembre 1739 et ne finirent que le 22 may 1740. On crut que tout étoit perdu ; cependant il y eut du blé, mais peu grainé (7).

---

(1) Archives de l'Yonne, supplément E, GG, p. 166.

(2) *Ibid.*, p. 167.

(3) *Ibid.*, p. 167.

(4) *Ibid.*, p. 167.

(5) *Ibid.*, p. 167.

(6) *Invent. sommaire des Arch. de l'Yonne*, supplément, E, GG, p. 167.

(7) *Ibid.*

L'année 1741 fut une année de disette : le blé se vendait 12 à 13 francs le bichet (1).

1743, année très abondante en blé et aussi en vins qui se vendent à vil prix.

1744 et 1745 furent encore des années d'abondance.

En août et septembre 1747, on eut des chaleurs excessives : cependant le vin ne fut pas bon, et l'on n'en fit guère qu'un muid par arpent.

Le 15 mai 1749, jour de l'Ascension, les vignes furent gelées.

L'année 1750 fut fertile en blé qui fut vendu à bas prix ; mais on ne récolta pas de vin, les vignes ayant été gelées en avril.

1751, mauvais vin qui fut vendu très cher.

En 1752, récolte suffisante en blé et en vin.

En 1753, bon vin, mais vendu à vil prix.

Et 1754, bonne récolte en blé, mais nulle en vin, les vignes étant échamplées d'hiver (2).

Le 28 juin 1756, la paroisse de Tharoiseau et plus de 50 paroisses voisines furent tellement ravagées par la grèle, qu'on ne récolta ni blé, ni vin ; même, l'année suivante, les vignes ne portèrent que des feuilles (3).

1758, une gelée universelle perdit, dans le mois d'avril, toutes les vignes de la Basse-Bourgogne ; au mois d'août suivant, il arriva une chute d'eau si considérable que les terres des vignes furent enle-

---

(1) *Notice hist. sur Saint-Père*, pp. 122 et suiv.

(2) Note de M. Petitier, curé de Tharoiseau. Mairie dud. lieu. état civil.

(3) *Ibid*.

vées, ainsi que le foin des prairies (1). Le même orage inonda plus de 40 paroisses : il y eut trois hommes tués à Asnières, près Vézelay, par le tonnerre, et deux autres personnes blessées ; ces personnes étaient dans le clocher. La même année, il avait plu tout le mois de juillet, les foins avaient été perdus, et la moisson fort endommagée ne se fit qu'en septembre (2).

L'année 1760 fut fertile en blé et en vin (3).

30 avril 1761, gelée universelle ; peu de vin, très bon, mais à vil prix (4).

1763, hiver très rigoureux et très long ; le 11 février, violent coup de tonnerre ; le 22 du même mois, orage aussi fort qu'en plein été et qui a duré plus d'une heure (5).

En 1768, on n'a pas fait de vin (6).

Le 28 mars 1771, jeudi saint, la terre est toute couverte de neige et il fait très froid.

1775, bonnes récoltes ; le vin, très bon, se vend très cher.

1777, on a récolté du blé en quantité, mais on a fait à peine une feuillette de vin à l'arpent.

En 1781, vin en grande abondance, mais les feuillettes valent de 8 à 9 livres : Jacques Delume, vigneron à Tarroisseau, en acheta quatre de deux et trois vins qui lui coûtèrent 33 livres et les frais d'une

(1) La fenaison était donc bien en retard ?
(2) Etat civil de Tharoiseau, note de M. Petitier.
(3) *Saint-Père*, notice historique, p. 128.
(4) *Ibid*.
(5) *Invent. somm. des Arch. de l'Yonne*, supplément, E. GG, p. 167.
(6) *Saint-Père*, notice historique, pp. 128 et suiv

obligation qu'on exigea de lui ; il fut ensuite assigné pour les payer ; il offrit les mêmes feuillettes pleines de vin, on n'en voulut point (1).

1788. On n'a pas eu de pluie depuis le 29 juin 1788 jusqu'au 13 janvier 1789 ; vers les premiers jours de décembre, il tomba, il est vrai, de la neige en grande quantité, mais elle ne put fondre à cause de la rigueur excessive du froid : les jours où il se fit sentir le plus rudement furent la veille de Noël, le jour des Saints Innocents et le jour des Rois. Il périt quantité de gibier. On ne souffrait pas seulement du froid, mais aussi la faim se faisait sentir chez nombre de particuliers ; les boulangers vendaient le pain 4 sous la livre, en donnaient à peu de gens et au quart de ce qu'on pouvait désirer, car la récolte en blé avait été très médiocre (2). — Nous nous souvenons que, durant cette disette, M. d'Assay distribua largement des secours, et même qu'il emprunta pour être plus à même de soulager la misère ; mais nous savons aussi comment quelques-uns qu'il avait aidés, lui ont ensuite témoigné leur reconnaissance.

Dans les remarques que nous venons de transcrire ou de résumer, il n'est guère question que des années mauvaises, les bonnes sont rarement mentionnées : c'est qu'on parle mieux des épreuves et des souffrances contre lesquelles on est toujours porté à regimber, que du bien-être que l'on trouve tout naturel et dont on jouit sans y penser.

Nous terminerons ce sujet en rapportant les indi-

(1) Etat civil de Tharoiseau, note de M. Petitier.

(2) *Invent. somm. des Arch. de l'Yonne*, supplément E, GG, p. 167.

cations fournies par l'*Annuaire de l'Yonne* (1) sur les récoltes de Tharoiseau en 1862, d'après la statistique agricole officielle établie pour cette année ; le territoire de Tharoiseau comprenait alors :

18 hectares de prairies naturelles à faucher, qui ont donné 62 quintaux de foin à l'hectare, du prix de 8 francs le quintal ;

5 hectares de prés à pâturer ;

15 hectares de sainfoin ;

6 hectares de luzerne (2) ;

43 hectares 10 ares de vignes en plein rapport, qui ont donné à l'hectare 30 hectolitres de vin rouge et blanc, du prix moyen de 40 francs l'hectolitre de rouge et de 35 francs l'hectolitre de blanc ;

78 hectares de froment, qui ont produit en moyenne 10 hectolitres 40 de blé à l'hectare, du prix de 19 francs l'hectolitre ;

68 hectares d'orge, qui ont donné à l'hectare 10 hectolitres 60, du prix de 7 fr. 50 l'hectolitre ;

9 hectares 40 ares d'avoine, qui ont rapporté à l'hectare 11 hectolitres 20, du prix de 6 francs 40 l'hectolitre ;

8 hectares de pommes de terre, qui ont donné à l'hectare 64 hectolitres, du prix de 4 francs l'hectolitre,

Et 2 hectares de chanvre.

La même statistique porte aussi que Tharoiseau possédait, à la même date, 11 chevaux, 60 ânes, 2 mulets, 28 bœufs, 60 vaches, 30 veaux, 200 moutons,

(1) Année 1868.

(2) Les rendements en sainfoin et en luzerne ne sont pas indiqués.

117 porcs et environ 1,500 animaux de basse-cour.
— Ce relevé prouve que la terre n'est pas plus ingrate
à Tharoiseau qu'ailleurs, et que, tout compte fait, et
malgré les récoltes parfois défectueuses, on y vit, en
travaillant, dans un état d'honnête aisance et de vraie
liberté, cent fois préférable à la servitude plus ou
moins brillante en apparence que l'on rencontre à la
ville.

3. — *Description du village* (1)

Quand on suit la route directe d'Avallon à Vézelay,
après une très longue montée, on arrive au sommet
d'une haute colline, dite *le Montjoie* ou plus ordinairement *la Montjoie (mons gaudii),* d'où l'on découvre
avec une soudaineté inattendue le splendide panorama de toute la vallée de la Cure, dominée par la
monumentale silhouette de l'église Sainte-Marie-
Madeleine de Vézelay : on jouit surtout de cet ad-
mirable point de vue , quand on est au pied de la
très ancienne croix de la Montjoie, célèbre dans
toute la contrée, restaurée en 1852, et placée au
sommet de la montée sur une base formée de huit
gradins circulaires.

C'est au pied même de cette croix et dans la di-
rection du midi, que s'embranche la petite route qui
mène à Tharoiseau, distant de moins d'un kilomètre,
et qui se continue ensuite vers Menades. En la suivant, on aperçoit à gauche, sur le point culminant

(1) La notice consacrée à Tharoiseau par V. Petit, *Villes et
campagnes de l'Yonne,* p. 325, a été largement utilisée pour cet
article.

de la colline, un buisson au milieu duquel se trouvent encore, paraît-il, quelques restes de l'ancien moulin à vent de Tharoiseau, dont il a été plusieurs fois question dans le cours de cette notice ; en se rapprochant du village, on passe à côté des carrières ouvertes dans le calcaire à entroques, au-dessous desquelles s'étend le grand vignoble du Cul-de-Bœuf, avec, plus bas, celui de Chagniot, possédés jadis tous les deux par l'abbaye de Vézelay ; puis, à peu de distance de Tharoiseau, on longe le cimetière dans lequel on remarque une grande chapelle de construction assez récente : le blason (1) qui en surmonte l'entrée nous indique que c'est le lieu de sépulture de la famille de Stutt d'Assay, branche aînée d'une très ancienne famille écossaise qui vint s'établir en France sous le règne de Charles VII et y joua un grand rôle (2).

Et l'on arrive au village, dont nous avons constaté l'existence dès le neuvième siècle, en 867. C'est déjà respectable comme âge. Mais encore, Tharoiseau remonterait-il à une antiquité plus reculée ? Il est possible que le voisinage de la grande voie romaine

---

(1) Ces armes sont *écartelées au 1 et au 4 d'or à trois pals de sable, au 2 et au 3 d'or au cœur de gueules.* — La devise qui était autrefois *Fides Valorque,* est devenue depuis : *Don bien acquis.*

(2) En mémoire des services rendus à sa cause par Gauthier Stutt, Charles VII lui donna en toute propriété, vers 1443, la terre et seigneurie d Assay, en Berry. A son tour, Louis XI, en février 1474, accorda à Thomas Stutt une charte de naturalisation à laquelle est attaché, par des lacs de soie verte et rouge, le grand sceau royal avec le contresceau, et le seing du chancelier Legouz. — Ce précieux document est conservé dans les archives de la famille, au château de Tharoiseau.

d'Autun à Sens qui passe par Avallon et Sermizelles
et celui de la petite voie qui suit la vallée de la Cure,
— que sa situation exceptionnellement belle au-
dessus de cette vallée, — que sa fontaine qui ne tarit
jamais, aient attiré et retenu en ce lieu quelque grand
personnage gallo-romain. Seulement, pour appuyer
cette hypothèse, nous n'avons d'autre document que
deux médailles romaines, trouvées, *affirme-t-on*, au
village; et nous reconnaissons sans difficulté que ce
commencement de preuve est bien insuffisant pour
déterminer la conviction.

Quoi qu'il en soit, au lieu d'appeler Tharoiseau
un village, nous devrions plutôt dire un bourg; car,
depuis l'année 1537, Tharoiseau était entouré de murs
dont il ne reste plus que des vestiges. Il est assis
d'une façon fort pittoresque sur la pente très rapide
de la colline et regarde le couchant ; il est bâti tout
en lave rendue noire par le temps et n'offre qu'un
aspect triste et peu satisfaisant au point de vue du bien-
être matériel. On dirait qu'un tremblement de terre
a ébranlé et à moitié renversé les unes sur les autres
les vieilles maisons, dont les toitures enchevêtrées
d'une manière bizarre, les escaliers extérieurs tor-
tueux et rompus, enfin un pêle-mêle de chambres
et d'étables témoignent du peu de souci des habitants
pour l'entretien de leurs demeures. La plupart de
celles-ci sont séparées par des ruelles étroites, formant un véritable dédale aux abords duquel s'élève
l'église, bâtie sur l'emplacement de l'ancienne chapelle dudit Tharoiseau.

Ce bel édifice, construit en 1851, d'après les des-
sins de M. Baudoin, architecte, rappelle le style du
xiii⁰ siècle et mérite d'être examiné avec soin en ce

qui concerne la construction des nouvelles églises de village et l'ornementation qu'il est possible de leur donner dans la mesure des sommes restreintes mises à la disposition de l'entreprise. Ici, tout a été calculé pour produire beaucoup d'effet avec le moins de dépenses possibles. Sans discuter, le mérite artistique de ses autels et de son ameublement, disons que, vue dans son ensemble, la nef intérieure de l'église de Tharoiseau produit un effet réellement très remarquable.

La largeur de la rue seulement sépare l'église du château : c'est une belle résidence admirablement située pour découvrir tout le riche panorama de la la vallée avec la vue de l'église de Vézelay pour principal horizon. Ce château, à tourelles élégantes, que l'auteur de la *Géographie du département de l'Yonne* (1) fait remonter jusqu'au moyen-âge, a été rebâti, vers 1847, à la place d'un ancien corps de logis (2) appelé également le Château de Tharoiseau ; il appartient à M. le comte Gustave de Stutt d'Assay.

4. *La population et les anciennes familles*

Pendant longtemps, on a évalué la population des campagnes et des villes d'après le nombre des feux ou familles : le chef de chaque feu ou de chaque famille était seul porté sur les rôles des redevances ou des impôts. Mais combien de personnes, en

______

(1) Alp. Dorlhac de Borne, p. 214.

(2) Ce corps de logis était sans doute le *Meix* de messieurs du Chapitre (d'Avallon), lequel, en 1525, était loué 13 sous 4 deniers à Jean et Philibert Colas, de Thoroseaul. (Arch. de l'Yonne. G, 2196).

moyenne, composaient un feu ? On a répondu : cinq,
parfois six. — Dans ces conditions, la population de
Tharoiseau n'était pas considérable dans le passé,
car le pays ne comptait que 24 feux en 1457 (1); 20,
en 1492 (2); 38, en 1511 (3); 35, en 1512 (4); 31, en
1523 (5); 22, en 1537 (6): 41, en 1551 (7); 50, en
1554 (8); — en 1584, quinze ans après la peste et au
milieu des guerres de religion, il n'y avait plus à
Tharoiseau que 66 habitants (9); en 1625, la population est remontée à 36 feux (10); à 46, en 1663 (11);
elle en comptait 53 en 1763 (12); et 72 en 1787 (13).
— Pendant le xix° siècle, Tharoiseau a eu 376 habitants en 1806; 416 en 1826; 413 en 1846; 359 en 1866;
300 en 1886. Et la décroissance s'accentue toujours :
243 en 1906 (14).

On établirait plus sûrement sans doute le chiffre
de la population pendant le xvii° et le xviii° siècle par
celui des naissances ; seulement, il faudrait connaître
exactement la proportion entre la natalité et le nombre des habitants, à une époque où le devoir chrétien,

(1) Arch. de l'Yonne, G, 2228.
(2) *Ibid.*, G, 2028.
(3) *Ibid.*, G, 2180.
(4) *Ibid.*, G, 2229.
(5) *Ibid.*, G, 2197.
(6) *Ibid.*, G, 2051.
(7) *Ibid.*, C, 161.
(8) *Ibid.*, G, 2059.
(9) *Ibid.*, G, 2080.
(10) *Ibid.*, G, 2117.
(11) *Ibid.*, C, 161.
(12) *Ibid.*, C, 161.
(13) *Ibid.*, C. 182.
(14) D'après *Villes et Campagnes de l'Yonne*, les *Annuaires*, les
Ordos, etc.

familial et social était compris. Mais, cette proportion a-t-elle été calculée ?..

En tout cas, il y a eu, à Tharoiseau, 15 naissances en 1648 ; 15 encore en 1649 ; 10 en 1658 ; 14 en 1668 (1) ; 19 en 1692 ; 10 en 1708 ; 12 en 1619 ; 13 en 1722 ; 14 en 1731 ; 10 en 1742 ; 5 en 1762 ; 9 en 1765 ; 5 en 1772 ; 12 en 1782 (2). Actuellement, quel est le chiffre des naissances à Tharoiseau et ailleurs?... — Le maréchal de Molkte disait naguère à ce propos que la France sur l'Allemagne perd une bataille par jour.

Les registres de l'état civil (anciens registres paroissiaux) existent à Tharoiseau depuis que cette paroisse a été détachée de celle de Saint-Père, en 1669; nous y avons relevé, dans les actes des vingt premières années, de 1669 à 1689, les noms des familles qui habitaient alors Tharoiseau ; ce sont les familles :

Basseporte,	Ducrot,	Morlet,
Benoist,	Dupré ou Duprey,	Nardot,
Bigot,	Florent,	Nesplier,
Chapelain,	Fraza,	Pannas,
Chaulat,	Gerbaut,	Pannetrat,
Chopin,	Gouard,	Péreau,
Choudey,	Gourlet,	Pernot,
Coignot,	Gourlot,	Picard,
Courtot,	Jolliet ou Jouliet,	Pinard,
Contan,	Lairaudat,	Pougeoise,
Cuillère,	Lairot ou Léraut,	Pouillat,
Cullin,	Lebeau,	Poulin ou Poullain,
Dangauthier,	Lobreau,	Prévost,
Defer,	Milliard,	Regnault ou Renault
Degoix,	Millereau,	Rousseau,
Delume,	Monjardé ou Mont-jardhey,	Sauvageot,
Dereposeur,		Soliveau,
Dodin,	Monot,	Trémeau,
Dubois,	Moricard,	Tribouillard,

(1) Mairie de Saint-Père, — état civil. ·

(2) Mairie de Tharoiseau, — état civil.

et tous ces noms, dont beaucoup n'ont pas disparu, sont suivis de la mention *laboureur* ou *vigneron*. Depuis cette date pourtant, on a signalé quelques gens de métiers ou d'autres professions, entre autres :

En 1700, Joseph Blanche, cordonnier ; en 1720, Michel Gourlet, greffier de la justice de Tharoiseau ; en 1723, Moré Pannas, cordonnier; en 1730, Claude Defert, marchand et fermier de M. le marquis de Mimeure, seigneur de Tharoiseau; en 1734, Jean Gutheron, menuisier; en 1743, Philippe Bigot, concierge du château de Tharoiseau ; en 1759, Nicolas Morlet, cordonnier; en 1763, André Dangauthier, soldat au régiment de Navarre; en 1768, Gabriel Verdier, ancien serviteur du roi, etc., etc.

5. — *Evénements importants*

Il n'y a pas un coin du sol de la France qui, à un moment ou à un autre, n'ait eu à subir au moins le contre-coup des guerres féodales, étrangères ou civiles qui ont autrefois désolé le pays. Par sa situation sur les confins de la Bourgogne, Tharoiseau eut sans doute à endurer une large part de ces souffrances. Nous prendrons ces faits seulement depuis la Guerre de Cent Ans.

I. — *Tharoiseau et la Guerre de Cent Ans.* — Quelques années après la bataille de Poitiers, qui avait privé la France de ses défenseurs, les Anglais, sous la conduite de leur roi, Edouard III, traversèrent la Champagne, avec l'intention d'envahir la Bourgogne. Mais la noblesse bourguignonne racheta la province du pillage et de la ruine, en signant avec

Edouard III, le 30 mars 1360, le désastreux traité de Guillon : d'après une des clauses du traité, l'armée étrangère devait se retirer librement, par le chemin le plus court, et sans faire acte d'hostilité, vers les possessions anglaises, à travers les territoires qui l'en séparaient. Au mépris de cette convention, l'une des bandes ennemies prit par surprise, en passant, le chàteau de Pierre-Pertuis, où elle resta jusqu'à ce que la garnison française de Vézelay l'en eût délogée, au mois d'octobre suivant. Comme alors les troupes vivaient uniquement du produit de leurs rapines ; les Anglais, installés à Pierre-Pertuis, vinrent visiter le village de Tharoiseau qui fut absolument mis à sac, incendié et rendu désert et inhabité (1).

Les habitants qui, après le départ des Anglais, s'étaient de nouveau fixés au milieu des ruines, furent ensuite continuellement sur le qui-vive, car des bandes hostiles parcouraient le pays en tout sens : en 1372, elles s'emparaient de Pontaubert et du Vault-de-Lugny ; en 1380, d'autres reparaissaient encore, pillant tous les villages qu'elles rencontraient, enlevant le bétail, « mangeant toutes les gelines (pou- « les) et faisant absorber tout le foin par leurs che- vaulx »; l'une achevait de détruire et de perdre ce que l'autre avait pu laisser.

Dans ces conditions, on ne cultivait que les terres les plus rapprochées des villages, les paysans n'osant pas s'aventurer à quelque distance, dans la crainte d'être arrêtés et rançonnés par l'une ou l'autre de ces troupes vagabondes, toujours en quête de nou- veaux méfaits. Aussi la misère devint-elle effrayante,

(1) E. Petit, *Avallon et l'Avallonnais*, p. 173.

accablant les grands aussi bien que les petits : en 1410, le duc de Bourgogne, à court d'argent, vendit ses vignes de Nanchèvre pour payer les frais de noces de sa fille.

Et ce n'étaient toujours que « passages et repassages » de gens d'armes qui pillaient, rançonnaient, torturaient tous ceux du pays qu'il pouvaient saisir : c'est pour cela probablement que les hommes de Tharoiseau refusèrent le guet à Avallon en 1414, et furent condamnés à des amendes dont le paiement était réclamé en 1428 (1).

Cependant, depuis que Jeanne d'Arc, en 1429, avait délivré Orléans et conduit Charles VII au sacre de Reims, une partie de la France se prenait à respirer; chez nous, la situation n'était pas près de changer. En 1430, l'ennemi occupait l'Auxois et l'Avallonnais dont il faisait une solitude. Le traité d'Arras, du 21 septembre 1435, réconciliait le roi de France et le duc de Bourgogne; mais les bandes armées, habituées à ne vivre que de déprédations, continuèrent, pour leur propre compte, la guerre qui, désormais, prit un caractère plus sauvage que jamais; et le peuple des campagnes, toujours victime, désigna ces soldats sans drapeau sous le nom horrible d'*écorcheurs*.

En juin 1438, les écorcheurs de Robert Floquet occupaient Pontaubert et le Vault-de-Lugny; de là, ils vinrent attaquer Vezelay; mais cette ville, avertie par Avallon, les repoussa victorieusement; et ils se vengèrent de cet échec en saccageant encore une fois Tharoiseau, ainsi que d'autres villages voisins, et en

(1) Arch. d'Avallon, CC, 84.

coupant les blés en herbe (1). Ce ne fut qu'en octobre 1441 que ces bandes indisciplinées furent enfin écrasées par le Maréchal de Bourgogne.

II. — *Peste de 1563.* — En 1563, la peste désola les environs d'Avallon : la ville entretint des gardes pour éloigner les pestiférés; elle s'imposa de lourds sacrifices afin de nourrir ses propres malades, relégués aux Chaumes, à la Maladière et autres lieux voisins. Tharoiseau fut aussi visité par le terrible fléau : les habitant abandonnèrent leurs maisons et s'installèrent misérablement en rase campagne: et le receveur du Chapitre, Jean Naulot, dans le compte des deniers reçus cette année-là, non-seulement ne relatait pas les versements qu'aurait dû effectuer le village, mais il déclarait qu'il avait « donné plusieurs fois à dîner « à des gens de Tharoiseau, sujets du Chapitre, estans « eux logez hors dudict lieu, à cause de la mortalité « y régnant, n'ayans de quoi vivre; » et cette dépense s'éleva à la somme de 50 sous (2), environ 35 francs de notre monnaie.

III. — *Tharoiseau place de guerre.* — Depuis une vingtaine d'années, Tharoiseau était fortifié : fatiguée des vols et des méfaits de brigands qu'elle appelait des *insidiateurs,* la population avait supplié François Ier de lui permettre de clore à ses frais le bourg, « à quoy il est bien disposé, parce qu'il est assis en « lieu de montaigne, daulcune de roches et de lieux « plains de pierres, duquel sont adjacens grans vino- « bles, terres labourables et prarryes. » Et de Nevers,

(1) Arch. d'Avallon, CC, 88.
(2) Arch. de l'Yonne, G, 2064.

le roi avait répondu aux habitants, septembre 1537, qu'il les autorisait « de grâce espéciale qu'ils puissent « faire clore, à leurs despens, de murailles, tours, « portaux et fossez, ponts levys et autres choses « nécessaires à forteresse ledict bourg de Tharoseaul, » pourvu que les intérêts du roi, de la chose publique ou de qui que ce fût, n'eussent pas à en souffrir (1).

Ces travaux étaient certainement terminés en 1569; car, à cette date, Tharoiseau est compté parmi les *villes nouvelles closes* et, à ce titre, imposé par les Elus de Bourgogne à une certaine contribution pour l'entretien de 300 soldats chargés de veiller à la sûreté

(1) « Nous avons receu lumble supplication des manans et « habitans du lieu et bourg de Tharoseaul, ou bailliage d'Auxois, « contenant que pour tenir en seureté leurs personnes, « femmes, enfants, biens et mesnaige, et pour obvier aux insi- « diacions des larrons, pillards et insidiateurs qui se sont « assemblez plusieurs foys de leurs auctoritez privées sans auc- « torité de nous, par lesquelz ilz ont esté violantement, et leurs « femmes et enfans et mesnaige, souventesfoys envahiz, forcez, « oultraigez, pillez et robez, ilz feroient voulluntiers à leurs « despens clore et fermer de murailles, tours, portaulx et fossez « ledict bourg de Tharoseaul, à quoy il est bien disposé parce « qu'il est assis en lieu de montaigne, daulcune de roches et de « lieux plains de pierres, duquel sont adjacens grans vinobles, « terres labourables et prarryes : laquelle closture ilz ne pour- « roient faire sans congié, licence et permission de nous, nous « humblement requérant sur ce leur pourveoir de nostre grâce, « permission et remède convenable. Pour ce est-il que nous, « ces choses considérées, désirans nos subgectz et leurs biens « estre tenuz en bonne seureté et garde, inclinans à la suppli- « cacion et requeste desdictz supplians, à iceulx avons permys « et octroyé, octroyons et permectons de grâce spéciale par ces « présentes, qu'ilz puissent et leur loise faire clorre à leurs des- « pens de murailles, tours, portaux et fossez, ponts levys et « autres choses requises à forteresse ledict bourg de Tharosault, « pourveu que nous ne la chose publicque ny autres particul- « liers n'y ayons interestz. Sy donnons en mandement par ces-

du bailliage d'Avallon (1); en 1575, une taxe du même genre lui est réclamée, et nous savons que cette fois elle est fixée à 53 livres (2). Ces fortifications, destinées dans le principe à protéger Tharoiseau contre les maraudeurs, l'exposa dans la suite à de très graves dangers.

D'abord, l'année même où, pour la première fois, nous le trouvons imposé comme l'une des *villes nouvelles closes,* il servit de point d'appui au capitaine Sansac, lieutenant général des armées du roy, qui assiégeait Vézelay occupé par les Protestants : Sansac mit une petite garnison à Tharoiseau et y établit son dépôt de poudre; après les premières opérations du siège, un nouveau convoi de munitions y fut amené sous la conduite de M. de Missery ; les archives de la ville d'Avallon ont conservé la quittance des frais faits chez le cabaretier Vérax par les charretiers de ce convoi (3). On sait que Sansac échoua dans son entreprise. Tharoiseau évacué dut redouter de la part des Protestants, restés maîtres de Vézelay,

« dictes présentes au bailly d'Auxois ou à son lieutenant, que
« de noz présens grâce, congié, licence, permission et octroy,
« ils facent, seuffrent et laissent au cas dessusdict lesdicts sup-
« plians jouyr et user plainement et paisiblement, sans leur
« mectre, etc., car, etc., et affin, etc., sauf, etc. — Donné à
« Nevers, ou moys de septembre, lan de grâce mil vc xxxvij et
« de nostre règne le xxiij; ainsy signé : Par le Roy : DELA-
« CHESNAYE ; visa contentor : DESLANDES ».
(Arch. Nat., JJ 254, pièce 209, f° 42 v°).

Asquins, Montillot, Menades furent fortifiés vers la même époque.

(1) Arch. d'Avallon, EE, 42.

(2) *Ibid.,* EE, 35.

(3) Arch. d'Avallon, EE, 42.

des représailles qui semblent ne pas avoir été exercées.

Pendant les guerres de la Ligue, Vezelay était aux mains des Ligueurs, commandés par Rochefort-Pluviaut (1) ; mais les mouvements des troupes dudit Rochefort étaient considérablement gênés par une garnison royaliste installée, vers la fin de 1591, à Tharoiseau, où elle se maintint jusqu'au commencement de 1594. Rochefort réussit enfin à s'emparer de ce petit bourg qui l'avait tenu en échec pendant plus de deux ans ; mais, afin de n'avoir pas à craindre, de ce côté, un retour offensif de ses ennemis, il fit raser complètement les remparts de Tharoiseau. Peu de jours après, il se soumit à Henri IV qui lui fit cette promesse : « (Nous) voulons que la mémoire du « passé soit esteincte et abolie au sujet de la prinse « (prise) des armes, forcement, razement, démo- « lition et démentellemens des chasteaux, maisons, « forteresses, et espéciallement des bourgs de *Tar-* « *roisseau,* Sainct-Père, Menades, etc. (2) ».

A ce désastre succéda, en 1595, la peste qui empêcha la tenue des jours de justice à Tharoiseau (3).

Mais les habitants n'étaient pas découragés : dès 1596, ils ont fait marché pour la reconstruction de leurs remparts dans l'espace de deux ans, avec Jean Radigon, maître-maçon à Vézelay ; ils l'ont installé dans la maison du Chapitre à Tharoiseau ; et le receveur, Lazare Naulot, enregistrait simplement qu'il

(1) E. Petit. *Avallon et l'Avallonnais*, p. 336.

(2) *Bulletin de la Soc. des Sc. de l'Yonne*, t. XVIII, p. 265-267.

(3) « Les gens de Taroisseaul, à raison de contagions et « guerres, n'ont tenuz les jours. » (Arch. de l'Yonne, G, 2091).

n'avait rien reçu pour le loyer, vu l'usage actuel de ladite maison (1). — La tranquillité cependant se rétablit; et, durant le règne de Henri IV, il n'y eut point de troubles dans nos pays.

Mais, en 1616 et 1617, l'inquiétude revint; et les comptes d'Avallon nous apprennent que Jacques Saverot reçut six livres « pour ses peines d'avoir esté « trois jours aux champs pour le deslogement des « trouppes du baron de Joux (2). » Nous croyons qu'alors les habitants de Tharoiseau refusèrent d'ouvrir leurs portes à quelque détachement de ces troupes, car, en 1617, leur bourg fut pris par escalade par deux compagnies de grenadiers (3).

En 1629, des incendies éclatent çà et là, et l'on croit qu'ils sont allumés par des mains criminelles : la ville d'Avallon équipe « six hommes à cheval et « arméz » pour empêcher ces attentats (4); et au capitaine Labarre, suisse, qui est à Tharoiseau, surveillant les pays environnants, le Chapitre d'Avallon envoie en présent « une bouteille de vin (5) ».

Nous ne savons par suite de quelles circonstances ont été définitivement renversés les remparts de Tharoiseau.

(1) « La maison de Messieurs à Taroisseaul n'a été amodiée, « les habitans y aïans mis Jean Radigon pour la réfection de « leurs murailles qui a esté l'an présent et la suivante». (Arch. de l'Yonne, G, 2092).

(2) Arch. d'Avallon, CC, 222.

(3) Courtépée, *Description du Duché de Bourgogne,* art. Taroiseau.

(4) Arch. d'Avallon, EE, 67.

(5) Arch. de l'Yonne, G, 2121.

IV. — *Le loup féroce.* — En 1761, à Tharoiseau comme dans les villages situés à cinq ou six lieues à la ronde, on était terrorisé depuis plusieurs années par la présence d'un loup énorme qui s'attaquait surtout aux enfants; l'imagination populaire n'était pas loin de le considérer comme un être diabolique. Aussi, quand il fut tué, en 1761, on respira enfin. Mais, laissons M. Petitier, curé de Tharoiseau, nous raconter l'histoire de cette bête féroce (1) : son récit rectifiera ce qui n'est pas rigoureusement exact dans la relation publiée à ce sujet dans notre notice sur Saint-Père (2).

« En 1761, un nommé Renaut, de Basoche, fils du
« chirurgien de campagne Renaut, mit à mort un
« loup qui depuis cinq à six ans dévoroit les enfants
« qui étoient à la garde des troupeaux. La populace
« qui donne ordinairement dans les choses fabuleu-
« ses, s'imaginoit que c'étoit un magicien; mais cet
« animal féroce aïant dévoré un enfant à Domecy
« sur Chore, près le cimetière, un jour de dimanche,
« en aïant le même jour dévoré un autre à Neu-
« fontaine, et blessé un troisième à Vauban, pa-
« roisse de Basoche, le peuple, malgré la vaine
« opinion où il étoit, s'attroupa enfin et fut assez
« heureux pour l'enfermer dans un bois dépandant
« de la Chartreuse du Val-Saint-Georges, situé entre
« Vigne et Vauban, où il fut tué. Sa mort détrompa
« pleinement le peuple, et l'on reconnut que c'étoit
« un loup ordinaire qui s'étoit accoutumé à vivre
« de chair humaine. Il fut porté à Vézelay; les

(1) Mairie de Tharoiseau, — état civil.
(2) Page 128.

« chirurgiens de cette ville l'ouvrirent : on trouva
« dans son boyau le crâne et les cheveux du
« dernier enfant qu'il avait dévoré. Il me fut ap-
« porté ici, où je l'examinai bien, et n'y ai reconnu
« aucune différence des loups ordinaires. Il avoit
« aussi accoutumé sa louve à la chair humaine. Un
« nommé Bazarne, de Fontette, paroisse de Saint-
« Père, leur ôta une fille de douze ou quinze ans
« dont ils avoient déjà mangé les intestins et une
« cuisse ; cette fille étoit du Grand Island ; ils la pri-
« rent dans un pré près ce vilage. La louve fut blessée
« à Saint-André ; selon toute apparence, elle mourut
« de sa blessure, car, depuis ce temps-là, personne
« ne s'en plaignit. J'observerai encore au lecteur que
« le loup fesoit plus de ravage que la louve, qu'il
« étoit plus hardi, qu'il prenoit les enfants même sur
« seuil de la porte, redoutoit peu les chiens ; et,
« lorsque la chair humaine lui manquoit, il entroit
« dans les bergeries avec beaucoup d'hardiesse, crai-
« gnoit peu le monde ; il avoit cependant reçu quel-
« ques coups de fusil, il avoit à la cuisse une bles-
« sure de viel date. Les connaisseurs de ces ani-
« maux lui donnoient neuf ou dix ans ; et son règne
« auroit peut-être été de plus longue durée, sans
« deux bourgeois de Basoche, Millereau et son frère,
« qui firent sonner le tocsin pour assembler le peu-
« ple de cinq ou six paroisses. Ce fut aux environs
« de la Pentecôte qu'il fut tué, je crois même la
« veille (1). »

*
* *

Il est clair que les faits et les évènements qui ont

---

(1) Mairie de Tharoiseau, état civil.

eu pour théâtre le village, la paroisse, la seigneurie
de Tharoiseau, n'ont pas une importance qui les
signale à l'attention générale; ils sont cependant un
enseignement et un titre de gloire ; car ils nous mon-
trent que toujours les habitants de ce modeste village
ont été des hommes de foi, de probité, de vertu, de
courage. Leurs descendants auront à cœur de profiter de cet enseignement, et non-seulement de conser-
ver intact, mais encore de faire fructifier le patri-
moine d'honneur qu'ils tiennent de leurs ancêtres.

TABLE DES MATIÈRES

Avallon — Imprimerie Paul GRAND, rue de Lyon, 14